MANUAL COMPLETO
de REIKI
Sistema Usui

Urs Rieben

MANUAL COMPLETO
de REIKI
Sistema Usui

EDICIONES OBELISCO

Si este libro le ha interesado y desea que le mantengamos informado de nuestras publicaciones,
escríbanos indicándonos qué temas son de su interés (Astrología, Autoayuda, Ciencias Ocultas,
Artes Marciales, Naturismo, Espiritualidad, Tradición...) y gustosamente le complaceremos.

Puede consultar nuestro catálogo en www.edicionesobelisco.com

Colección Espiritualidad y Vida interior
MANUAL COMPLETO DE REIKI. SISTEMA USUI
Urs Rieben

1.ª edición: enero de 2005
4.ª edición: junio de 2009

Título original: *Le Maître de Reiki*
Traducción: *Mireia Terés Loriente*

Diseño de cubierta: *Mònica Gil Rosón*
Compaginación: *Antonia García*

© 2004, Urs Rieben
© 2004, Ediciones Obelisco, S. L.
(Reservados los derechos para la presente edición)

Edita: Ediciones Obelisco S. L.
Pere IV, 78 (Edif. Pedro IV) 3.ª planta, 5.ª puerta
08005 Barcelona - España
Tel. 93 309 85 25 - Fax 93 309 85 23
E-mail: info@edicionesobelisco.com

Paracas, 59 C1275AFA Buenos Aires - Argentina
Tel. (541-14) 305 06 33 - Fax: (541-14) 304 78 20

ISBN: 978-84-9777-150-4
Depósito Legal: B-22.469-2009

Printed in Spain

Impreso en España en los talleres gráficos de Romanyà/Valls S. A.
Verdaguer, 1 - 08786 Capellades (Barcelona)

Dedico este libro a todos los maestros
de Reiki, a todas aquellas personas
que se han iniciado en el Reiki conmigo
y a todos los practicantes y terapeutas
del mundo. Espero que este libro os permita
entrever que el Otro también es vuestro
Maestro.

*Muchas gracias a mi compañera Claudine
por todos sus esfuerzos y su inestimable
contribución a la realización de esta obra,
así como a Marie-Thérèse Schmid
por la corrección y la redacción del prólogo.
También quiero dar las gracias a todos
aquellos que han colaborado, directa
o indirectamente, en hacer realidad este libro
y cuyos nombres no aparecen aquí
mencionados.*

PRÓLOGO

Cuando el autor me invitó a expresar en estas líneas mi sentimiento después de leer su libro, recordé otro texto que nació del corazón y la pluma de otro maestro de Reiki, Aimé Prouzet, que decía así: «A diferencia de otras disciplinas, para practicar Reiki no es necesario un gran aprendizaje de conocimientos técnicos: todo el mundo puede convertirse en un canal de Reiki.»

Esto es algo obvio para cualquier persona que se haya interesado por la realidad de la energía universal. Además, en la actualidad existen muchas publicaciones sobre este tema que enriquecen las estanterías de temas especializados de las librerías.

¿Por qué, entonces, a Urs Rieben, cuyos vastos conocimientos y numerosos libros nunca se han cuestionado, le ha parecido útil aportar su granito de arena?

Fue el maestro que me acompañó por el camino de la maestría, del encuentro verdadero, hasta la iniciación final. El arte de compartir tan intenso y sin artificios que demuestra en sus seminarios es tan grande que me permite afirmar sin tapujos que, con este libro, el autor no busca notoriedad ni adulaciones para su ego. Todo lo contrario. En él prevalece la admiración del niño interior que se ha reconciliado con el misterio de su origen divino y manifiesta su deseo entusiasta y la alegría mayúscula por compartir el agua de vida de la Fuente que apaga su sed.

Platón afirmó: «El que busca apasionadamente el conocimiento siempre aspira a SER».

Creo que el eclecticismo cultural del autor y el amplio abanico de tradiciones en el que ha crecido demuestran su búsqueda, no de conocimiento cuantitativo por sí mismo, sino de conocimiento ontológico de la Unicidad del Ser en la que se basa nuestra naturaleza divina, anterior a la dualidad de nuestra naturaleza encarnada.

Urs Rieben nos invita a un peregrinaje a los orígenes. Ofrece, con un auténtico deseo de compartir, el resultado de una investigación intelectual y espiritual múltiple y el regalo de un saber integrado, vivido. Pone a disposición del practicante de Reiki una herramienta de trabajo pedagógica y terapéutica mejorada y enriquecida por los años de experiencia como maestro y curador.

Invita, con amor y generosidad, y a través de la voz de lo Invisible, a que lo mejor de nosotros mismos se convierta en compasión, a manifestar «esta cualidad específica de pensamiento, sentimiento y emoción, desligada de cualquier relación con el resultado, trascendiendo la dualidad y sin distorsionar la opinión», a dar testimonio de este ESTADO DE SER que hace de nosotros instrumentos de paz, luz y curación.

Jung proclamaba: «¡Lee y después olvídalo todo!»

El autor se difumina, modesto, dejando que su Ser insinúe su obra, que el doctor interior guíe, mediante la compasión, a corazones y manos.

MARIE-THÉRÈSE SCHMID

EL MAESTRO REIKI

El maestro es la persona que se pone al servicio de los demás, de la creación y del entorno. No es dueño de sí mismo, porque ha comprendido el sentido de los acontecimientos de este mundo. Es un ser humilde, lleno de misericordia hacia la humanidad. No pretende complacer ni guiar a sus amigos y familiares por el camino de su propia verdad; todo lo contrario, acompaña a los demás al umbral de su propio refugio interior. Nunca esconde nada, no da consejos, únicamente le abre los ojos al otro a su propia realidad y al aquí y ahora. No promete nada, porque sabe que la curación está en manos de aquel que la ha venido a buscar.

Es un ser humilde, que comparte, que no pretende saberlo todo, siempre deja algo a lo desconocido (lo no cumplido), deja que el otro siga su propio camino y ha aprendido que el despertar del otro no está en sus manos, sino en las del que viene pidiendo ayuda. Su intención no es hacer del otro un esclavo suyo, ni por sus conocimientos ni por su carismático poder.

Sabe reconocer cuándo se equivoca, sabe que este mundo (que no la creación) es imperfecto y reconoce en la naturaleza y en el otro la manifestación de la Gran Obra de la vida en perpetuo desarrollo. Sabe que la vida le ofrece a cada uno la posibilidad de seguir un camino personal y que la única fuerza reside en la propia evolución personal y en el propio despertar a la vida verdadera.

El maestro no se cansa de la vida porque sabe que está en un perpetuo devenir; su vocación es el momento presente al servicio del otro porque ha comprendido que lo ajeno es la parte que desconoce de sí mismo y que busca a través de la compasión hacia la humanidad.

Ha descubierto la alquimia de la vida en su corazón y cada día aprende a unir el espíritu y el cuerpo en armonía. La materia es única, igual que Dios es Uno junto con su creación, aunque Él no sea la creación.

El maestro se reconoce en todas las personas, indiferentemente de cuáles sean su posición social y orígenes culturales. Está unido a la creación y lo demuestra con su función de iniciador, enseñante y pacificador.

Se reúne con el otro en un mismo plano. No busca compararse con él, sino todo lo contrario; intenta dejar que el otro se exprese y lo anima a continuar su camino acompañándolo durante un tiempo.

La persona que se reconozca en algunas de estas actitudes ya es un Maestro en devenir.

DR. MIKAO USUI

«El auténtico Maestro es el que ayuda al otro a convertirse en lo que verdaderamente es. Confía en todas y cada una de las personas porque sabe que son únicas y les permite así expresar su propia singularidad.»

PRIMER NIVEL DE REIKI
Acción sobre el cuerpo físico

Historia de Usui y del Reiki

La historia del Reiki es relativamente joven porque esta aventura empezó a principios del siglo XIX. El Reiki es un arte y una ciencia de curación muy antiguo que se redescubrió en Japón a mediados del siglo XIX, aunque se extendió entre el gran público en 1973 en Estados Unidos, donde apareció como una ciencia terapéutica simple y natural accesible para todos.

El padre fundador es el doctor Mikao Usui, un sacerdote cristiano. Después de una impresionante investigación y un minucioso estudio de los textos sagrados de los esenios (apócrifos), desde el Tíbet y la India (los Sutras y los Vedas) hasta la China (el Tao), encontró las claves para curar a través de las manos.

En la actualidad, este arte de cuidarse y ayudar a los demás se enseña en todo el mundo y ha resultado ser un complemento indispensable de la medicina tradicional porque reequilibra todas las energías del cuerpo.

Se dice que Usui aprendió los pictogramas del idioma chino, los ideogramas de los sutras indios, visitó el Tíbet y cruzó Oriente

Medio en busca de la lengua secreta de la fe y del poder de curación de los grandes maestros. Vagó por el mundo más de quince años antes de volver a su ciudad natal: Kyoto.

No obstante, a pesar de haber acumulado conocimientos y haber obtenido su mayor secreto, todavía no sabía cómo utilizar las técnicas de la curación energética y metafísica. Era como un niño pequeño delante de un puzzle que no sabe por dónde empezar para conseguir una imagen coherente de todo lo aprendido hasta el momento.

Entonces, siguiendo el consejo de un monje, decidió retirarse y hacer un ayuno de veintiún días en lo alto de una montaña cerca de su ciudad. Recogió veintiuna piedras blancas, se sentó a orillas de un arroyo a meditar, a leer los libros sagrados y, por cada día que pasaba, colocaba una piedra a su derecha.

Sin embargo, después de veinte días de recogimiento y desvelo, no sucedió nada. Y, a pesar de la paz interior que sentía, el hambre ya empezaba a hacer mella en él y se propuso abandonar porque se dijo que si en veinte días no había sucedido nada, un día más no cambiaría nada.

Pero luego pensó que, después de todo, había decidido que serían veintiún días y que lo mantendría, a pesar de su gran decepción. Entonces, después de haber hecho las paces con la cabeza, el corazón le dijo que había hecho todo lo humanamente posible y que eso ya era un gran logro.

En el mismo instante en que aceptó esas palabras, justo antes de las primeras luces del alba, se quedó dormido y, brutalmente, entró o ascendió a una visión cósmica.

Todos los ideogramas y símbolos que había descubierto en los textos sagrados empezaron a girar a su alrededor y le revelaron, uno detrás de otro, los secretos de la curación espiritual.

El peregrino quiso huir de esa iluminación interior, pero estaba demasiado débil para moverse, así que se quedó inmóvil y después agradeció humildemente cada una de las manifestaciones de luz con respeto y gratitud.

Después de esta revelación sobre los misterios de la curación, el doctor Mikao Usui se levantó lleno de gracia y energía y descendió la montaña a toda velocidad. Estaba tan feliz que no vio una

En este nivel, la energía Reiki actúa sobre el cuerpo físico.

piedra que había en el camino con la que tropezó y se hizo daño en el dedo gordo del pie. Empezó a sangrar e, instintivamente, se cubrió la herida con las manos para intentar detener la hemorragia y ahí se produjo el primer milagro: la herida cicatrizó de inmediato.

Con confianza por ese primer descubrimiento del poder que le había sido conferido, bajó hasta las faldas de la montaña para recuperarse, porque estaba hambriento pero, en lugar de comer despacio y poca cantidad, como debe ser después de un ayuno de tantos días, engulló una ración de arroz y el estómago no le dolió nada. Dicen que ese fue el segundo milagro, gracias a la energía de vida del Reiki.

A la chica que le había servido la comida le dolían muchos los dientes y, cuando Usui le preguntó si podía colocar las manos encima de sus mandíbulas, ella aceptó; se le empezaron a calentar las mandíbulas y el dolor desapareció por completo. Éste fue el tercer milagro.

Siguió su camino hacia el monasterio y, cuando llegó a la entrada, se le acercó un chico joven y le dijo que el abad estaba en la cama con un fuerte dolor en las articulaciones y la espalda. Cuando vio a Usui, el sacerdote quedó bastante sorprendido de lo bien que estaba después de los veintiún días de privaciones y Usui le dijo que era por la energía de vida del Reiki.

Le explicó la visión que había tenido. Le dijo que, en el momento en que dejó de preocuparse, se produjo el milagro.

«Entonces —dijo—, vi luces muy brillantes por todas partes y, de repente, apareció una luz resplandeciente que empezó a girar y se dirigió hacia mí. Estaba nervioso y expectante a la vez; pensaba que aquello era una prueba y que tenía que hacerle frente. Tenía los ojos completamente abiertos y la luz me tocó en medio de la frente, justo donde nace la nariz. Esta experiencia me liberó, por unos momentos, de los dolores físicos, sentí como si me desmayara y, sin embargo, era totalmente consciente de la visión que se estaba desarrollando ante mis ojos.

»Miré a mi derecha y vi millones de esferas bailando, burbujas o caleidoscopios con los colores del arco iris que me daban una increíble sensación de felicidad y recompensa. Después, apareció una luz roja que iba de derecha a izquierda, hasta que iluminó todo el espacio entre el cielo y la Tierra. Luego sucedió lo mismo con una luz naranja, después amarilla, verde, azul, violeta y, al final, una luz blanca inmaculada llena de misericordia. No lo olvidaré nunca.

»Esta última luz vino de la derecha y formó una especie de pantalla delante de mí. Y allí, en la pantalla de mi nueva conciencia, aparecieron, en letras de oro, muchas cosas que había estudiado en sánscrito y en hebreo. Cada símbolo se acercaba a mí desde la derecha, se inscribía en mi conciencia y desaparecía por la izquierda, y así con todos. Cada vez que un símbolo me golpeaba la frente, mi conciencia guardaba el significado y cómo tenía que utilizarlo y transmitirlo.

»Y después escuché: Recuérdalo... Recuérdalo... Recuérdalo...»

Esta iluminación es muy importante, es la revelación de lo oculto, informa al iniciado quién es digno de ella, de recibir la Luz como guía e instrumento de curación.

La invocación de la Luz por un practicante de Reiki.

Soy la Luz.
La Luz me rodea por todos lados.
La Luz me recorre y brilla en mí.
La Luz me llena completamente.
La Luz me protege y me guía.
La Luz cristaliza mis intenciones.
La Luz se transforma en su propia naturaleza.
Soy la Luz.

¿Qué es el Reiki?

El Reiki es la energía de la vida. Es el pensamiento divino encerrado dentro de la forma. La iniciación al Reiki libera esta energía y modifica la forma que la contiene.

Es una beneficiosa y agradable luz que circula por el interior de todo organismo vivo. Esta energía es la obra de la creación divina. No pertenece a nadie, a ningún grupo ni a ninguna comunidad en particular. Circula ininterrumpidamente por el sistema sanguíneo y atraviesa los nervios, los meridianos y los nadis.

Es una energía que no se crea ni se destruye. Es una fuerza de curación que reestablece el equilibrio cuando se produce una disfunción energética.

El practicante de Reiki, cuando es consciente del flujo de esta energía, se une a ella, la energía lo llena con su presencia y le proporciona un bienestar, una plenitud, e ilumina su alma y su espíritu por su manifestación.

El significado del pictograma Reiki

La parte superior:

El cielo ⟶ El Padre
El Sol ⟶ La Luz

La parte inferior:

La Tierra ⟶ La Madre
La Luna ⟶ La matriz

La parte superior simboliza la encarnación de la luz, el germen de la vida que proviene de la fuente estrellada del cielo, dominio de lo sobrenatural, de la voluntad divina, y es el elemento masculino del ser humano. Es la voluntad de crear, de superarse, de manifestar la luz que cada ser lleva en su corazón. Es una energía de curación muy poderosa que necesita que la canalicen hacia el exterior. Es la emanación del hálito cósmico.

La parte inferior representa la luz cristalizada en una forma, en un cuerpo físico. Es el receptáculo de la energía cósmica. Es el lado femenino del ser, su receptividad, su capacidad de formar, crear y moldear lo que sale del interior hacia el exterior. Es la matriz de todas las formas, todas las creaciones y todas las curaciones.

La unión de estas dos fuerzas es la fuerza del Reiki. La persona que espera la curación sin implicarse personalmente en su manifestación es incapaz de provocar ninguna reacción en el cuerpo, porque la esperanza necesita abono para poner en movimiento la vida.

Cuando la energía del cielo (la voluntad) y la de la Tierra (la acción) se unen, crean una nueva fuerza, el restablecimiento de la salud es el resultado de un aflujo de energía Reiki en todo el metabolismo.

El Reiki es la fuerza universal de vida que fluye, poderosa y concentrada, a través de las manos de un practicante de esta ciencia ancestral. Está en cada uno de nosotros y nos ayuda a soportar el proceso de curación emocional, mental y físico.

Efectos del Reiki

El Reiki reestablece la libre circulación de energía en el conjunto del organismo y deshace los nudos que impiden la propagación de esta fuerza vital a todos los órganos vitales. Es una energía que le devuelve al paciente la salud física, mental y emocional.

La transmisión del Reiki no tiene efectos secundarios porque sólo difunde lo que al paciente le falta y, tanto el paciente como el practicante salen enriquecidos después de una iniciación o una sesión de tratamiento.

El Reiki es de una gran ayuda para todas las enfermedades crónicas y agudas, para las mujeres embarazadas, para el acompañamiento de los moribundos, para el estrés mental o emocional porque, con pocas sesiones, revitaliza al paciente.

El Reiki, un auxiliar indispensable de la salud

El Reiki es un complemento ideal para todo tipo de terapias. Desde la homeopatía o la cromoterapia para curar una gripe, hasta la quimioterapia contra el cáncer, el Reiki enriquece y refuerza los principios activos de la terapia aplicada limitando mucho los efectos secundarios.

El Reiki aporta sus beneficios en caso de estrés, agotamiento, fatiga, angustias, depresiones, insomnio, falta de confianza en uno mismo o nerviosismo. Ayuda a sobrellevar mejor los duelos, los fracasos amorosos o los divorcios. Resulta muy eficaz en casos de esterilidad derivada de bloqueos mentales y alivia las migrañas, las menstruaciones dolorosas, el reumatismo, la artritis, los dolores de espalda y de sistema digestivo, las dermatosis, el asma, los catarros, etc. Ayuda a que la energía vital circule en armonía por el cuerpo y desbloquea los chakras.

Aplicaciones del Reiki de Usui

El Reiki no se limita únicamente a los síntomas de un cuerpo enfermo, sino que se remonta a los orígenes, las causas probables que provocaron la enfermedad, el desequilibrio en el cuerpo.

Campos de aplicación del Reiki en el primer nivel:

- El autotratamiento.
- La prevención.
- El tratamiento en los demás.
- El tratamiento en los animales.
- El tratamiento en los vegetales.
- El tratamiento en los lugares (purificación).
- El tratamiento colectivo.
- El tratamiento rápido.

El primer nivel de Reiki permite, después de un solo fin de semana, hacerse cargo de la salud. Es un magnífico complemento de la medicina convencional.

No es una religión...

Aunque tenga una naturaleza espiritual, el Reiki no es una religión porque no transmite ningún dogma ni principio religioso y nadie tiene la necesidad de creer para beneficiarse inmediatamente de la eficacia de esta técnica.

Basta con querer aprender y practicar con toda sencillez el Reiki para disfrutar de sus beneficios en la salud física y mental.

Energía de vida

El Reiki es la vida. Sin embargo, estas cinco palabras no bastan para convencernos. La vida es movimiento y la transformación de las formas y las materias produce energía, del mismo modo que la energía eólica produce electricidad y el fuego de carbón da calor.

Igual que nuestro cuerpo, que necesita de la energía que el metabolismo y la respiración producen, esta alquimia no puede producirse sin la participación de un agente secreto (la energía etérica).

De este modo, la transformación de estos elementos (agua, tierra y aire) produce la energía, el fuego, que necesitamos para vivir.

El Reiki proviene de la quintaesencia de los cuatro elementos (fuego, aire, tierra y agua). Esta fuerza está en el núcleo del átomo y es la que hace que la gallina ponga huevos con forma de huevos y no con formas cúbicas. Es la que mantiene la estabilidad del Sol y, por consiguiente, la del planeta Tierra.

La curación física

El árbol de la vida

¿Cómo actúa la energía del Reiki?

La energía del Reiki viene directamente de la cima del árbol de la vida, es decir, del mundo de las emanaciones (Elohim), al más alto nivel espiritual. La energía actúa a través de las egrégoras de luz (mundos de creación y formación) de más de quince mil años y se vierte a través de todas las jerarquías celestes para propagarse en la Tierra a través de un practicante de Reiki. Esta energía no se puede dirigir ya que, inmediatamente, se dirige ella misma hacia las funciones y los órganos que sufren una falta de energía vital. Es una energía que transforma todo lo que toca en su propia forma y lo llena de bienestar y paz interior.

Así, ennoblece la oscuridad que reside en el ser, tanto en el caso del donante como del receptor de la Luz del Reiki. El Reiki no actúa como un remedio, no elimina la enfermedad; únicamente ilumina lo oscuro (y por oscuro entiendo cualquier cosa que todavía no ha despertado a la conciencia humana), disminuye lo que excede y aumenta lo que falta.

El Reiki trabaja simultáneamente sobre los tres niveles de una persona

En el nivel físico, calma inmediatamente los dolores de orígenes externos al cuerpo. Restablece la circulación de los fluidos en el organismo mediante una aportación de prana bombeado en la sangre y el oxígeno del ritmo respiratorio.

En el nivel emocional, libera de los bloqueos, los altibajos emocionales, los viejos esquemas; desarrolla los sentidos, permite evolucionar positivamente hacia una mejor gestión de la vida afectiva y sentimental. Aumenta la fuerza creativa, la imaginación, la visualización y, sobre todo, la alegría de vivir. Devuelve el coraje después de las pruebas de la vida y permite a cada uno hacerse cargo de su vida emocional en todos los terrenos relacionales.

En el nivel mental, desarrolla la liberación de los antiguos esquemas mentales, las creencias desfasadas que ya han caído en desuso en este nuevo milenio. Vuelve a conectar el espíritu con su

fuente original en la unidad ontológica. Permite tomar perspectiva y hacer las elecciones que más convienen a los desafíos de nuestra época.

Despierta la conciencia holística, la toma de conciencia de uno mismo y de los demás y la comprensión de las experiencias de la vida.

En Reiki, **el nivel espiritual** simboliza el equilibrio de las tres fuerzas precedentes: cuerpo, alma y espíritu. Esta armonía reactiva las fuerzas de autocuración naturales de todo el organismo.

El mundo de las emanaciones

El elemento fuego

En el árbol de la vida, este mundo corresponde al elemento fuego, a la fuerza ígnea que hace que todo se mueva. Corresponde a lo más sagrado y lo más sutil del microcosmos que constituye la forma humana. Este fuego es la luz de la vida. «Y Dios dijo: "Que se haga la luz", y la luz se hizo.»

Este nivel es análogo al de la maestría de Reiki. Sin embargo, esto no quiere decir, ni mucho menos, que la persona que alcanza este nivel se encuentre en ese estado de conciencia. Un diploma de Reiki significa que el candidato ha seguido todas las fases externas a la maestría, pero la verdadera maestría sólo se la dará la Vida y, en este momento, la vida se ocupa mucho de él porque se ha convertido en una persona digna de merecerla.

En la ciencia sagrada, se dice que este nivel corresponde a los tres sephiroths superiores del árbol de la vida: la gran cara de Dios, con la corona, la luz y la luz creadora de Saturno, la Madre divina y la Matrona.

El mundo de las emanaciones simboliza el mayor nivel de conciencia de la ciencia sagrada del Génesis que nace del árbol de la vida. Encierra todas las potencialidades en el estado latente. Es la reserva de energía inagotable al servicio de la gran cara de Dios. Representa la tríada superior donde se encuentra el patrimonio del alma humana.

Este mundo no tiene forma ni sonidos; es una luz transparente y pura, es una presencia indivisible. Es la unidad de toda cosa, la fuente de la creación, el inicio de los mundos en el plano meramente espiritual. En el plano terrenal, representa el mundo del fuego, la luz y el calor. En este nivel, todavía no existe separación.

En el contexto del Reiki, este lugar simboliza el alto poder de la divinidad encerrado en el cuerpo humano. A través de la vía Reiki, el practicante obtiene la energía que necesita de este mundo. Es una reserva inagotable, se regenera constantemente y transforma las energías del mundo sublunar en una manifestación exterior y visible; es decir, es un cuerpo físico que se regenera constantemente.

Ningún otro ser puede contemplar esta luz directamente, y por eso se camufla detrás de las fuerzas secretas del prana, del hálito, del aire y del ciclo respiratorio que nos mantienen con vida. Es la fuerza que hace que se nos muevan los pulmones y nos lata el corazón, sin que nosotros podamos hacer nada para evitarlo. Si hablamos de las funciones vitales, se corresponde con el sistema neurovegetativo, así como al cerebro y al aparato circulatorio.

También simboliza la primera letra del Tetragrama: el YOD, valor numérico de 10. A partir de este punto, puede empezar el proceso creativo, que es la fuente milagrosa de las curaciones espirituales. Cualquier persona que acuda a esta formidable energía puede estar segura de que obtendrá salud.

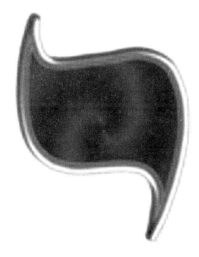

Anatomía del cuerpo energético

El mundo invisible no es, como se suele considerar, un concepto del espíritu. Lo visible y lo invisible forman una unidad. Nuestro cuerpo mental, limitado, nos impide abarcar la totalidad de esta realidad que sólo puede nacer con el despertar de la conciencia.

De este modo, el espíritu se concentra y su primera manifestación visible es la luz, y la materia es la cristalización de la luz infinita. Y, así, el infinito se convierte en finito o visible a nuestros ojos.

La salud no es una entidad estable. Se sitúa, permanentemente, entre el exceso y la falta de energía. En Occidente, el exceso aparece en el 90% de las patologías mientras que, en Oriente, es la falta de energía la causante del 70% de las enfermedades derivadas de la poca alimentación y la pobreza en fuerza vital. Por lo tanto, el desequilibrio de nuestro cuerpo se traslada a nuestra forma de vida, nuestra cultura, nuestras costumbres y nuestras creencias.

Cuando aprendemos a observar nuestro cuerpo y a escuchar los mensajes y señales de angustia, pasamos a ser responsables de nuestra salud. Ya no confiaremos en una entidad externa a nosotros mismos. Aprenderemos a ser Uno con nuestro cuerpo, nuestra alma y nuestro espíritu.

Este respeto permite vislumbrar una mejor relación con la naturaleza, así como con los demás en el plano universal.

Mucha gente piensa que las energías sutiles se quedan en el terreno de lo sobrenatural. Sin embargo, en la naturaleza no hay nada sobrenatural, únicamente nuestra falta de percepción, de toma de conciencia o los límites con los que reducimos nuestro campo de experiencias.

No es porque no conozcamos algo que no existe. O quizá sí, porque vemos el mundo exterior como un reflejo de nuestro universo interior. El cerebro no puede comprender algo que no conoce. Y, sin embargo, con un poco de buena voluntad, puede entrever cosas que antes le parecían aparentemente imposibles. Si trasladamos esto a la energía del Reiki, a muchas personas les cuesta sentirla, aunque es la que hace que vivan cada instante.

Sin embargo, es fácil conocer esta energía sutil que, en Asia, denominan Prana o Tchi. Esta energía no existe si no es en las fuerzas naturales que actúan en nuestro mundo. Une todas las cosas, es el agente universal, el fuego secreto de los alquimistas, la fuerza que crea la vida orgánica, la esencia que hace vibrar el sol y mantiene juntas las partículas atómicas.

Esta energía viene de la luz acumulada, fija y aparentemente sólida que conocemos como materia. El mundo físico no es sólido: todo se transforma; si observamos atentamente la naturaleza, con sus ciclos, empezaremos a entender el sentido de la unidad de la vida: todo forma parte de una sola cosa, de una sola fuerza, pero se manifiesta de miles de formas, colores, sonidos y cuanto más se cristaliza esta luz, más complejos y difíciles de comprender para el espíritu cartesiano son los organismos.

La razón es que nuestro espíritu limitado intenta ver esta fuerza que no sentimos. Pero si aprendemos a sentirla, a observar sus emanaciones, la encontraremos en todo y por todas partes. La vida circula por todos los sitios sin interferencia y se transforma, pero nunca desaparece. La energía sigue al pensamiento. La persona que presta atención a la manifestación de sus pensamientos en todos los momentos de su vida descubre los secretos de una tercera fuerza: la que todo lo une, la Presencia, el testimonio neutro, que siempre está ahí, la fuerza de la vida.

Por lo tanto, un maestro de Reiki debe llegar a ser sensible a sus influencias, manifestaciones y transformaciones hacia la curación; la salud está en un equilibrio precario y necesita de nuestra presencia de espíritu para reconstruirse a cada instante.

Este respeto permite vislumbrar una mejor relación con la naturaleza, así como con los demás a un nivel más universal. La anatomía del cuerpo energético es una trama invisible igual que la física cuántica lo es en relación a la física clásica. Entender el lazo que une al mundo de Arriba (lo invisible) con el de Abajo (lo visible) permite comprender mejor la naturaleza humana y sus males.

El maestro de Reiki aspira a llegar a ese mundo de las emanaciones. Busca sin cesar nuevas formas de acudir en ayuda de los demás, porque entiende que el otro es otra cara de él mismo. Cada nueva experiencia lo lleva más y más lejos en su encuentro con el amor universal. Ya no le teme a la adversidad porque se ha convertido en su amigo. Es una amiga invisible que lo mantiene siempre bien despierto, para que no se duerma en la rutina y la costumbre que anquilosan el alma y el espíritu.

Cuando el maestro de Reiki se acerca al mundo de las emanaciones se convierte, esencialmente, en un ser al servicio de la conciencia y siempre busca añadir Presencia de lo divino en su vida. Su paso por la vida despierta entusiasmo y ayuda a los demás, con la fe que él tiene en la vida, a tener más confianza en ellos mismos.

De este modo, el mundo de las emanaciones donde descansa el ser Eterno, lo Invisible, el Sin Forma y el Sin Nombre, se convierte en una fuente de alegría y encanto para el peregrino de la vida, donde un maestro de Reiki está en transformación continua. El maestro busca la unidad de todo en el espíritu y la materia.

¿Cómo percibir este cuerpo energético?

Existen varios cuerpos, o más bien sustancias, que son más o menos densos; pierden la naturaleza etérica cuando, al descender de Arriba, se acercan los unos a los otros y se condensan en formas más o menos armoniosas. Cuánto más armoniosa y clara sea una forma, más cósmico es su origen; y cuánto menos armoniosa y clara sea, más se parece a un espíritu confuso y molesto. Hay que diferenciar entre los materiales sólidos y naturales de la madre naturaleza y los que se producen de manera industrial sin ningún alma, sin ningún objeto de estética, belleza o sencillamente de amor, de reconocimiento.

Este preámbulo no tiene nada de anodino, sólo confirma el siguiente secreto: **«lo que veo y lo que rozo se corresponde, en gran medida, a lo que emano. Si estoy cerca de la naturaleza, la cuido, la respeto, no la ensucio y si soy consciente que forma parte de mi carne, mi sangre, mi alma y mi espíritu, soy su amigo y ella me lo devuelve».**

De este modo, si observo la naturaleza el tiempo suficiente, puedo ver su brillo astral, la vida que contiene y la recibo, espontáneamente, en el interior y el exterior de mi cuerpo, porque formo parte de ella. Este aprendizaje de lo invisible es, en realidad, un trabajo con uno mismo, un profunda reflexión sobre mi verdadera naturaleza.

Al caminar por la naturaleza, ya sea por un sendero, por la orilla del mar, por las estribaciones de las montañas, siento que el viento me acaricia, me habla de mis orígenes, de mi relación con la unidad de la vida. Sin embargo, los momentos más intensos son la salida y la puesta del Sol, momentos mágicos que me conectan con la madre Tierra y la madre del cielo bajo la égida del padre genitor de todas las cosas. En ese momento, me siento ser humano y ser divino a la vez. Y como todo en la vida requiere una transformación, ese instante en concreto me da la seguridad de que formo parte del universo. El alba me llena de una nueva promesa y la noche me sumerge en los brazos de sus misterios.

Esta percepción contribuye al desarrollo de la conciencia, de las sensaciones, de la propia Presencia; la naturaleza es nuestra única guía porque toda la ética de la vida está inscrita en los ciclos de la naturaleza y bajo la bóveda celeste. Doy fe que todos los secretos de la vida están frente a nosotros y, si nos tomamos tiempo para descubrirlos en nuestros entornos, encontraremos el equilibrio y un bienestar inefable.

Técnica utilizada en el primer nivel de Reiki para percibir la energía

Utilizo este método antes de iniciar a mis alumnos en el Reiki. Les enseño que ya tienen esta fuerza en su interior aunque muchos no son conscientes de ello. Esta percepción pertenece a la capacidad receptiva que tenemos hacia la energía de vida que nos mueve.

Es un momento formidable, sobre todo para las personas más escépticas, aquellas que han levantado auténticas murallas de protección contra su hipersensibilidad. Sólo hay que tener confianza en uno mismo, de atreverse a sentir y entonces se produce el milagro: la persona siente la energía que circula por el cuerpo, sus manos son sensibles a la manifestación de la luz, de lo sagrado y trascendental.

El método propiamente dicho:

Una persona se estira en una mesa de masaje. A continuación, controlo la fuerza de los chakras (vías de energías vitales) con un péndulo o con las manos. La persona se relaja y respira profundamente.

Coloco las manos a una distancia entre 5 y 15 centímetros del primer chakra (chakra raíz), que se encuentra en la base del pubis.

Luego, empiezo a realizar movimientos circulares muy lentos y tomo conciencia de la energía que circula entre mis manos y su chakra. A menudo, la persona se crispa, busca en su mente cualquier sensación, algún recuerdo pero, como no encuentra nada, afirma: «no siento nada...».

Es lógico porque, si busca en su cabeza una sensación que nunca antes había sentido, no puede localizarla porque no puede establecer un diálogo con lo desconocido. Esa fuerza está, al mismo tiempo, en el chakra y alrededor de su cuerpo. Basta con que la persona se olvide del pasado, de lo conocido, y se deje llevar hacia lo desconocido, hacia una experiencia nueva, para conectar con esta fuerza que la ha acompañado desde siempre.

Al principio, la persona que está estirada vivirá esta sensación como una extraña energía en el límite entre el consciente y el inconsciente. Siente cómo la invade, total o parcialmente, una ola de calor; siente una leve respiración, una brisa refrescante, un picor, una presión, una sensación íntima, un repentino enfriamiento del cuerpo o, a menudo, un acaloramiento que envuelve todo su cuerpo.

El practicante, sin embargo, permanece totalmente neutro; no dirige nada, ni su pensamiento ni su energía. Únicamente entra en relación, en comunicación con la energía del paciente. Este último suele percibir todo tipo de sensaciones, tanto en las manos como en el resto del cuerpo. Entre practicante y paciente se establece una alquimia indescriptible.

Obvia decir que esta sensación cambia cada vez que otra persona se estira en la mesa.

Signos de localización externa de la sensación:

• La sangre invade repentinamente la cabeza, enrojecimiento de las orejas.

• La glotis sobresale, el paciente intenta controlar sus emociones.

• La respiración es más profunda, sobre todo a nivel abdominal.

• Los rasgos de la persona se relajan, sobre todo los labios.

• Las manos y los dedos se destensan, empieza a confiar en ella misma.

• Los hombros y toda la musculatura se relaja.

• Los párpados se tranquilizan y ya no se mueven.

Signos de localización interna de la sensación:

- La persona expresa verbalmente lo que siente con toda confianza.
- El practicante se armoniza y entra en comunión con su paciente.
- El diálogo entre los dos cuerpos se manifiesta en forma de reconocimiento y respeto mutuos.
- Parece que una presencia indecible se establece entre las personas presentes en la sala como un diálogo invisible entre los participantes.

Armonización de los chakras

Cuando el paciente entra en contacto con el mundo sensible de lo invisible, aprende a realizar la armonización de los chakras en otro paciente. Esta armonización siempre se realiza antes de pasar a las primeras iniciaciones del primer nivel de Reiki.

El practicante empieza a percibir las energías, palpando los chakras, empezando por el primero en la base de la columna vertebral. Desde el momento en que se establece el contacto entre él y el paciente, inicia unos movimientos de rotación con las dos manos (en el sentido de las agujas del reloj) para activar el chakra de base.

Cuando siente cierto equilibrio en ese chakra, pasa al siguiente, y así hasta que llega a la cabeza. Es un auténtico baile porque esta armonización sólo es posible cuando se ha establecido un lazo con la fuerza universal, igual que la relación entre el futuro practicante de Reiki y su paciente. Este espectáculo puede parecer irreal a los ojos de aquella persona que no está en osmosis con todo el grupo de participantes presentes en la sala de tratamiento.

Y, sin embargo, las presencias invisibles están ahí, las sensaciones son indescriptibles, luminosas y llenas de un dulce calor humano.

Las siete esferas de la creación

Las siete esferas de la creación simbolizan los siete días de la creación, el primero de los cuales corresponde al séptimo chakra, conocido como la «corona de las mil flores de loto» o la «fuente de la Juventud». Se puede establecer cierto paralelismo con las diez emanaciones del árbol sefirótico de la Cábala mística hebraica. En los dos próximos capítulos se desarrollará con más detalle esta semejanza.

Un chakra (vía de energía) no es visible para los sentidos aunque, desarrollando cierta percepción, puede sentirse, observarse en términos de color y volumen y conocer su fuerza o su debilidad. Pero este conocimiento está íntimamente ligado a nuestra propia actividad energética. No podemos percibir en los demás lo que somos nosotros mismos, ni más ni menos.

Diseño del cuerpo energético

Los distintos colores son, en realidad, distintos estados de la conciencia. El color es una cristalización de la luz, producto de su encuentro con el fuego, el aire, el agua y la tierra. El ejemplo más bonito es el arco iris que sale después de una tormenta. Pero el crepúsculo y el alba ofrecen una paleta de colores infinita que varía dependiendo de la latitud y la estación del año en la que se observe este fenómeno.

Volviendo a los chakras, hay que recordar que la energía desciende del cielo a la Tierra para fertilizarla. Es necesario recurrir a la analogía para entender el progreso de esta fuerza. Al observar la naturaleza, vemos el Sol en el cielo, el viento debajo de él y el agua encima y debajo de la superficie de la Tierra. De este modo, el Sol comunica su energía al aire, un intercambio producto del calor, y el calor en contacto con la frialdad del agua produce la lluvia y ésta alimenta a la Tierra.

Con la energía que llevamos dentro sucede lo mismo. El fuego corresponde a la fuerza física y psíquica, el aire a la coherencia de los pensamientos, el agua a la de las emociones y el cuerpo, a la de la Tierra. Así, la energía desciende, se condensa, se cristaliza en lo más alto de la cabeza, desciende por la columna vertebral (árbol de la vida) y sale por los pies sobre la tierra. La energía terrestre entra por la planta de los pies para subir hasta la cabeza. Esta circulación energética es la vida y sigue el ritmo de la respiración y la circulación sanguínea.

Esta analogía también aparece en el simbolismo del caduceo de Hermes Trismegisto, el tres veces grande (cuerpo, alma y espíritu). El caduceo representa la Kundalini de los hindús, utilizada por Hipócrates, médico y alquimista en su época. En la actualidad no se comprenden muchos de los símbolos; el espíritu racional ha fragmentado las cosas de tal manera que ya no somos capaces de ver el cielo y la Tierra como un conjunto coherente y armonioso.

Sin embargo, el lenguaje universal vuelve, pero es un aprendizaje colosal, es el único idioma que todo el mundo puede entender. Toda persona puede hacerse una representación del Sol y relacionarla con la vida, con el calor, etc.

Los pensamientos emergen de la conciencia, la energía de los pensamientos, el cuerpo de la energía y la conciencia nace del cuerpo. Es el secreto de la vida, de todo lo que nos une a la naturaleza y al universo. Es el formidable proceso que crea la vida, el mundo, los elementos y todos los organismos vivos.

Dicho de otra manera: los pensamientos siguen a la conciencia, la energía sigue al pensamiento y el cuerpo es el receptáculo o la forma de las interacciones precedentes.

Chakra de la corona (7)

Cuando la energía desciende, atraviesa la cabeza, alimenta al cerebro y activa el chakra coronal. Este chakra está en comunicación constante con la energía universal de vida. El color corresponde a un estado de conciencia trascendental: violeta en los límites del campo de fuerza, blanco inmaculado en el brillo y amarillo o ardiente en el centro, como una flor de loto con mil pétalos de sol.

Este chakra corresponde a nuestra morada filosofal. «Hay muchas moradas en la Mansión de mi padre», J.C. Durante la práctica, se puede tocar, pero hay que percibirlo a más de 50 centímetros por encima de la cabeza. En realidad, lo que se siente es un leve hálito, casi imperceptible, porque es el chakra más volátil y el más sutil en el cuerpo humano. Tiene su fuente al nivel de la fontanela, su correspondencia física es el cerebro y está unido etéricamente por la glándula pineal o la epífisis.

El chakra frontal (6)

El siguiente chakra es el ojo de Dios, más conocido como el tercer ojo, y se sitúa en el nacimiento de la nariz, entre las dos cejas. Corresponde a la conciencia despierta y profunda. El color añil indica que irradia una luz concentrada, que es el poder del pensamiento superior; controla el destino y actúa sobre el conjunto del sistema nervioso central, periférico y neurovegetativo. La hipófisis y el canal pituitario son la cámara de concepción de la vida, la cámara negra (el color del vacío sideral), el vacío cuántico, la reserva de energía de vida. Dirige, al mismo tiempo, la energía femenina, receptiva, y la energía masculina, emisora. Es el equilibrio entre el cuerpo y el espíritu, entre lo visible y lo invisible, entre el pasado y el futuro; es la unidad dentro de la diferencia.

La activación de este chakra se manifiesta con la capacidad de estar constantemente despierto a nuevas experiencias, integrando en ellas las del pasado. Favorece la armonía de los demás chakras, es el núcleo del espíritu.

Domina los flujos de energía que provienen del cielo (chakra de la corona) y los reflujos de la energía terrestre a través del chakra laríngeo. Aporta la toma de conciencia, la capacidad de decidir, la voluntad de realizar cosas en este mundo, el impulso creativo y la intuición de lo que pasará mañana.

Cualquiera que quiera hacer algo en este mundo debe, imperativamente, conectarse con esta fuente inagotable de información que contiene este chakra ya sea a través de la meditación o de la práctica cotidiana del Reiki mediante autotratamiento, enseñanza o curación en los demás. La abertura de este chakra se efectúa a través de la experiencia práctica de la vida; el sueño queda en quimera si la condensación de la luz no se produce. En otras palabras: la experiencia de la vida cotidiana.

Chakra laríngeo (5)

Este chakra corresponde al elemento etérico. Es el lugar de la creencia física, emocional, mental y espiritual. Es el pórtico que lleva a la ciudad de los dioses, de la vida eterna. En términos más prácticos, corresponde a la vida sideral, al espacio, a la energía vital que sostiene el universo.

Es el punto donde se llevan a cabo todas las operaciones relacionadas con la expresión de la vida en todas sus formas. La glándula tiroidea es el enlace entre el mundo material visible y el invisible, simbolizado por el espíritu o el cielo. La medicina holística incluso le ha puesto nombre: Akasha; punto de emergencia de los cuatro elementos que constituyen la vida, la física: el vacío cuántico. Este punto desarrolla los procesos creativos, artísticos, verbales y mentales; es el verbo hecho carne, la luz y los sonidos han adquirido varias formas a través de la manifestación del aire (viento enérgico), el pensamiento, el fuego (calor solar), el sentimiento, el agua (generación y matriz), las emociones y, al final, todas estas energías se cristalizan en formas sólidas: el elemento tierra.

Aquel que no utiliza su verbo (la palabra), tiene pocas opciones de descubrirse en este mundo a nivel de la realización en el seno de la sociedad. El chakra laríngeo es el que más bloqueos crea en el aspecto de la comunicación y de la expresión de los sentimientos. El color que se le ha asignado es azul cielo, turquesa, y es la expresión de lo sagrado en las emociones, los pensamientos y los actos.

Cuando este centro funciona correctamente, es decir, en armonía con el plexo frontal (6) y el chakra cardíaco (4), la persona se convierte en un ser puro que irradia un carisma muy profundo a través de sus reconfortantes palabras.

Chakra cardíaco (4)

El corazón es el órgano más apreciado porque oculta un secreto: es el centro del amor. Este chakra es de color verde y está relacionado con el alma del mundo a través del pulmón de la Tierra. La luminiscencia de color esmeralda simboliza el amor impersonal, el don total, el amor que une a todas las manifestaciones o criaturas entre ellas. Es el lugar de la ternura, del perdón, del consuelo, de la compasión y de la dulzura. Ya que el don es la cualidad del corazón, lo que suele producir un desequilibrio y problemas cardíacos es el poco reconocimiento hacia la vida y los demás, así como la capacidad de respuesta.

Las enfermedades más difíciles de regular son las derivadas de la circulación sanguínea y el corazón, es decir, el amor. Teniendo en cuenta que la mayor parte de las muertes están relacionadas con estos problemas (más del 40% entre la población occidental), esto demuestra que existe una relación entre la manera de querer y la manera de hacernos querer. La colocación de las manos encima del corazón a través del Reiki permite acceder a sus demandas. Nos hace partícipes de las causas de fondo que nos provocan el malestar interior.

El corazón sólo necesita de un alimento: el amor. Y no tanto el amor que uno espera recibir, sino el que uno está dispuesto a dar. Por otro lado, el único amor que uno puede dar sin esperar una contrapartida afectiva es el amor impersonal, el que está en nuestro interior. Y si ese interior es lo suficientemente grande, lo irradia hacia el exterior. Es una comunión sin ataduras; no es frío, ni cálido, ni templado, sencillamente Es. Es el que vemos y sentimos en los ojos de un transeúnte, el que nos encontramos por casualidad en una situación determinada, en una salida o puesta de sol o de luna, en un paseo por la naturaleza, en la mirada de un niño, de un animal, de una planta, de un paisaje; cada vez que el corazón se abre a lo desconocido, una fuente inagotable de energía renovada.

El hombre y la mujer han perdido este sencillo contacto con la naturaleza, hacen una clara separación entre ellos y el entorno que, por otro lado, se suele considerar hostil porque lo desconocen por inmadurez y falta de libre albedrío. Están condicionados por los medios de comunicación, los que sean, que sólo ofrecen un espacio virtual, irreal y lejos de la profunda aspiración del alma.

Este sentimiento de que nos falta algo, que nos provoca una inmensa soledad, un vacío interno, y a menudo también externo, corresponde a una visión limitada de nuestro espíritu. Recuerda: la energía sigue al pensamiento; por lo tanto, si mis pensamientos van y vienen de un lado a otro en mi interior, sin que pueda entenderlos, puedo caer en una profunda depresión. Por el contrario, si me tomo el tiempo necesario para escucharlos, observarlos, sentir mi cuerpo y la naturaleza, me convierto en una unidad en lugar de dejarme llevar por los vientos de mis pensamientos inconscientes y caer en los brazos del fuego y del agua.

La caridad «amor» es, claramente, la mayor virtud del corazón. Mira cómo definía San Pablo la caridad o el amor:

«Cuando hable las lenguas de los hombres y los ángeles, si no tengo caridad no seré más que un trozo de metal sonoro o un címbalo resonante... La caridad es paciencia, la caridad es buena, no es envidiosa, la caridad no es fanfarrona ni orgullosa. No hace nada inconveniente, no busca su propio beneficio, no irrita. No guarda rencor, no se regocija en la injusticia, sino que se alegra por la verdad. Lo excusa todo, lo cree todo, lo espera todo, lo soporta todo. La caridad nunca morirá. Cuando se trate de profecías, desaparecerán; las lenguas se callarán; la ciencia desaparecerá, porque es imperfecta, igual que la profecía. Por lo tanto, cuando llegue lo perfecto, lo imperfecto desaparecerá.

»Así pues, la fe, la esperanza y la caridad permanecen, aunque la mayor de las tres es la caridad.»

De este modo, para que se produzca la curación es necesario conectar con el corazón y los riñones para que la vida renazca en una nueva Tierra (cuerpo revitalizado).

El corazón no es únicamente una bomba, aunque tenga esa función. El objetivo de una bomba es hacer circular un fluido, aspirarlo y expulsarlo, en lo que se denomina un ritmo, los latidos del corazón, una lucha de cada instante renovado, sin pausa, así es la vida.

Si disminuye la esperanza, la bomba ya no siente la necesidad de bombear, se deteriora y se agarrota y el movimiento se altera al mismo tiempo que la vida.

En el mismo ciclo, la respiración aspira y expulsa el aire, un ritmo natural que se manifiesta entre el interior y el exterior del cuerpo por la energía del aire y del prana, igual que entre el superior y el inferior a través del diafragma, es decir, la inspiración y la expiración. ¿Cómo se puede, todavía, dudar de la relación entre el cuerpo y el espíritu a través del alma, que tiene su centro en el corazón (en el ventrículo derecho)?

El tacto es el medio que el hombre dispone para sentir su cercanía con el entorno y los demás. Es un límite entre el mundo interior (uno mismo), a través de los órganos, y el mundo exterior; el reencuentro con nuestros límites o nuestro libre albedrío. Si uno levanta una muralla para protegerse, esta defensa lo aísla de sí mismo, de los demás y de la naturaleza.

Los remedios para los problemas cardiovasculares son la confianza, la esperanza y el don.

Chakra solar (3)

Todo movimiento necesita una energía para funcionar y el plexo solar la obtiene de la alquimia del metabolismo utilizando tres funciones: la digestión, la eliminación de residuos (vesícula y colon) y la respiración para expulsar los excrementos más volátiles a través del gran protector del organismo: la piel (sudación).

Este chakra alimenta el fuego interior, es la forja del alquimista; si el fuego es demasiado violento, arde, si es muy débil, la fuerza se debilita. Pero, en ambos casos enfermamos. La fuerza del fuego digestivo viene determinada por la proporción del bolo alimenticio y se convierte en el quilo que separa lo puro de lo impuro.

Este chakra se conoce como la ciudad de los felices. Encierra el fuego secreto. No trabaja únicamente con el metabolismo físico, sino también, y sobre todo, con la digestión o indigestión de pensamientos y emociones. Un adagio dice así: «somos lo que comemos o nos convertimos en lo que comemos o en cómo nos alimentamos».

El Reiki reequilibra los chakras y el plexo solar corresponde al triángulo inferior. Transforma los pensamientos que vienen del cerebro mediante las linfas del sistema neurovegetativo, es decir, todos los fluidos (elemento agua) que circulan por nuestro organismo. El color amarillo de este chakra favorece a las energías relacionadas con el pensamiento, la inteligencia práctica y el *savoir faire*.

El descanso, la relajación y la expresión de los sentimientos reprimidos son necesarios para facilitar un movimiento armonioso de los órganos. El páncreas es la glándula que une el chakra solar con el mundo de las energías sutiles. Cuando las energías ya están en el buen cauce, descienden lentamente hasta el chakra sagrado.

Las fuerzas de este chakra son la creatividad práctica, el cumplimiento de su rol terrestre y la expresión de su carisma.

Chakra sacro (2)

El sacro es el centro de la fuerza de las aguas inferiores. Es la matriz de todas las formas, la fecundidad, la sensibilidad, la receptividad y corresponde a las energías fluctuantes de la Luna. En este punto es donde germinan la vida, el placer, la alegría y el entusiasmo capaz de transformarlo todo. Líquidos de todas las composiciones, densidades y proporciones trabajan en el secreto de los intestinos, el laberinto de nuestros extravíos. Las circunvoluciones simbolizan el cerebro del vientre.

Los intestinos no sólo digieren alimentos de origen material. La presencia o ausencia de preocupaciones durante la digestión influye en gran medida en nuestro estado de salud. Si tiendo a retener las cosas, en vez de olvidarme de ellas, retengo las impurezas en mí y mis energías se bloquean y producen obstrucciones en el sistema reproductor o renal.

Las retenciones emocionales bloquean la circulación de las energías y producen un sobrecalentamiento del fuego digestivo y éste genera gases e hinchazón del vientre que se traducen en dolores abdominales o renales.

En este nivel, la relajación es esencial, porque permite que la energía Reiki circule de manera más libre por todo el organismo.

Chakra raíz (1)

El cuerpo humano no es únicamente un vehículo para el alma y el espíritu. La materia es parte integrante del espíritu, no son dos elementos separados. Nuestra creencia es la que separa y clasifica las cosas. La materia es una energía que vibra a una frecuencia menor que el espíritu. Y, a pesar de todo, nadie dirá que un coche que corre menos que otro es sólo carrocería, ¿verdad? Al fin y al cabo, sigue siendo un coche.

Este chakra necesita experiencias, acciones y contactos con la realidad presente. Corresponde a la estructura ósea; es la base, el soporte y el arraigo del espíritu a una vibración más baja. Aunque lo bajo no es menos espiritual que lo alto; y el que se ha dado cuenta ha descubierto el mayor secreto de la vida.

Si el arraigo es profundo, el espíritu será más fuerte pero, si no es así, la persona corre el riesgo de perder los reparos y la fuerza a la primera experiencia difícil.

Los pies fríos señalan que la persona no está en contacto con la materia lo suficiente; en cambio, al que le sudan le pasa todo lo contrario, que lo está demasiado.

De hecho, para los orientales, los pies corresponden a los pies del loto. Es el símbolo del Ouroboros, la serpiente que se muerde la cola y en la que el final se une con el principio. «Todo es Uno y todo retorna al Uno» es la verdad suprema.

De este modo, para que el Reiki pueda subir a la fuente tiene antes que descender a los infiernos interiores, es decir, a los auténticos bajos.

Cuatro iniciaciones al primer nivel de Reiki

La principal diferencia entre el magnetismo y el Reiki está en esta experiencia con lo sagrado. La iniciación no es un simple ritual, es la transferencia de energía a través de símbolos que, en

ocasiones, son milenarios. En la metodología del Reiki tradicional son cuatro, cifra que se corresponde con el número de iniciaciones al primer nivel.

Lo sagrado no es nada oculto, aunque su naturaleza es espiritual y uno debe aproximarse a él con el mayor reconocimiento y respeto posible. El maestro Reiki que inicia a un alumno está ofreciéndole un servicio. En la iniciación Reiki no existe ninguna jerarquía. El maestro sólo se pone al servicio del canal energético del Reiki. El único auténtico maestro es la vida. Por esto, el Reiki es la única iniciación en la que el maestro se inclina ante el futuro iniciado.

El desarrollo de las cuatro iniciaciones

La primera iniciación permite recibir directamente la corriente energética de la más alta luz espiritual del Reiki. Es el primer contacto del alumno con la fuerza del Reiki. A menudo, el alumno espera algo mágico, sobrenatural, y lo hace porque está un poco angustiado ante lo desconocido. También se produce el primer diálogo con lo invisible. Físicamente, la parte superior de la cabeza es la que recibe el primer influjo del Reiki, el fuego divino o la luz.

Esta primera iniciación se llama la coronación. «Acepta recibir la corona de la vida que te pertenece desde el principio.»

En la segunda iniciación, el alumno está completamente distendido porque ha reconocido a lo invisible que vive en él y su miedo a lo desconocido ha desaparecido casi por completo. Ahora la energía puede descender mucho más fácilmente por su cuerpo; puede, de repente, invadirle el corazón, los miembros superiores del cuerpo y el iniciado siente un temblor o estremecimiento, siente un ligero hálito que lo abraza.

Esta iniciación está relacionada con el elemento aire, con la gran respiración del ritmo celeste. En este punto, la persona empieza a sentir calor en las manos y en la parte superior del cuerpo.

La segunda iniciación se llama el hálito de vida. «Abre tu corazón a la parte más noble de ti mismo.»

La tercera iniciación es la más emotiva de todas. Suele descender hasta los pies y provoca una alegría indescriptible. Se pue-

den manifestar colores, imágenes, visiones activadas por el poder del Reiki que desciende por el árbol de la vida de la columna central del caduceo (Kundalini). El maestro intenta que el alumno conecte con la parte más profunda, remota e inaccesible de su alma.

El elemento agua, unido a los dos elementos precedentes, contiene la reserva de la fuerza de curación del Reiki. Es la fuerza que fertiliza una nueva tierra virgen.

Esta tercera iniciación se llama la ciudad de los felices. «Deja que todo tu ser reciba el perfume de la vida que te domina.»

La cuarta y última iniciación al primer nivel de Reiki es el lazo que une el cuerpo del alumno con su espíritu.

La cuarta iniciación sella el Reiki en el participante de por vida. Es como si recibiera un diamante, un secreto para abrir su corazón a él mismo y a los demás, así como a toda la naturaleza. En esta etapa, el alumno se siente totalmente distendido, sereno e invadido por una indescriptible presencia beneficiosa. Siente una increíble energía en todo su ser. Una práctica de veintiún días de 20 a 60 minutos de duración permitirá al joven aprendiz crecer y echar raíces en todo su ser.

Durante ese breve instante, el alumno está totalmente reunificado. Es Uno consigo mismo, con los demás y su entorno. A menudo, la persona siente una paz completa, una serenidad profunda, siente nacer una nueva confianza, la fuerza para enfrentarse a las incertidumbres de la vida, para esperar, renace la fuerza para reaccionar frente a la adversidad, el coraje para responsabilizarse de su vida, para elegir libremente, para acudir a su parte divina, para despertar nuevas perspectivas de modos de vida o de curación.

Por lo tanto, la iniciación es la piedra angular o la alquimia del Reiki. Sin este lazo invisible, el Reiki está vacío, sin textura o alma. Actualmente, en el año 2000, esta iniciación permite, al mismo tiempo, tener la cabeza en la Luna y los pies en la tierra. El resto del cuerpo es sólo un punto de unión, una entidad en movimiento que se busca a través de los avatares de la vida, aumenta la conciencia y reúne lo masculino y lo femenino en uno mismo a través de la relación.

La curación personal

El autotratamiento Reiki

La manifestación más bonita del Reiki es la posibilidad de encargarse de uno mismo, de conocerse y descubrir sus límites y sus puntos fuertes. Por lo que conozco, no existe otra formación en el terreno de la salud que permita esto, la responsabilidad personal de nuestra propia salud.

Son necesarios dos días de formación para curarse uno mismo y curar a los demás, ya sean amigos, animales o plantas. Sin embargo, esta experiencia sólo tiene valor si uno desea desarrollar la humildad lo suficiente. Creer que poseemos un nuevo poder para desarrollar nuestro egocentrismo nos llevará, irremediablemente, a la confusión.

Muchas personas se imaginan que pueden curar a todo el mundo. Olvidan la noción divina que sólo Dios cura y que la curación sólo se produce si ésa es su voluntad. Pero no hay que confundir la voluntad terrestre (nuestros deseos) con la voluntad divina (Su sabiduría).

El primer nivel de Reiki actúa, esencialmente, en el cuerpo físico. Pero hay que recordar que, en el absoluto, la materia del cuerpo y del espíritu son la misma energía. Mi experiencia me ha enseñado que este primer nivel suele favorecer el apaciguamiento, a menudo inmediato, de los dolores de origen externo, como las crisis agudas, las heridas abiertas, las quemaduras o los shocks nerviosos.

Las causas que dan origen a las enfermedades crónicas y degenerativas necesitan más tiempo, porque la curación necesita una toma de conciencia a nivel emocional y mental, es decir, espiritual. Este aspecto, infravalorado, desemboca en una pérdida de confianza en la curación de Reiki. En el segundo y tercer nivel de Reiki seguiremos desarrollando este tema.

El camino de la energía Reiki

El alumno y el practicante de Reiki siempre deben recordar los cuatro principios fundamentales:

1. El que está abajo es como el que está arriba y el que está arriba es como el que está abajo.

La energía fluye desde el nivel más sutil o volátil, como el aire, el fuego o el éter, hacia el menos sutil, como el agua y los líquidos, para ir a parar al más denso y sólido, como la tierra, la sal o la materia bajo todas sus formas. Cuando ha alcanzado esta última extremidad, sube caminando a través de las mismas metamorfosis como nos lo demuestra la naturaleza, a través de los ciclos y las estaciones.

2. La energía sigue siempre al pensamiento.

Soy la suma de mis pensamientos, conscientes e inconscientes. Allá donde van mis pensamientos van mis energías, y si tengo la mente dispersa durante todo el día, por la noche estaré muy cansado. ¿Por qué?

En Estados Unidos se ha realizado un estudio con más de diez mil estudiantes para evaluar en qué se ocupa la mente humana mientras estamos despiertos y los desconcertantes resultados son los siguientes:

- 30% del tiempo a recordar los arrepentimientos, los remordimientos sobre lo que tendríamos que haber dicho o hecho.

- 40% del tiempo a soñar nuestra vida en lugar de vivirla realmente.

- 12% del tiempo temiendo caer enfermos.
- 10% del tiempo a pensar en los pequeños fracasos sin importancia.

Si sumamos estos porcentajes, vemos que tenemos el 92% de energía desperdiciada en cosas que ya no se pueden cambiar o en un futuro que nunca llegará.

Si restamos ese 92% del 100% de tiempo total, nos queda el 8% de nuestro tiempo y, por lo tanto, de nuestra energía y nuestras capacidades, para construirnos la vida. El momento presente es la única realidad que nos permite cambiar la vida y recuperar la curación.

3. La conciencia del maestro de cualquier individuo nace de la experiencia de su vida y la naturaleza es la única referencia exterior.

Nadie se conforma indefinidamente con una creencia; todos tenemos necesidad de verificar la veracidad de una opinión confrontándola con la vida real. Lo que ayer estuvo bien, no lo está hoy; y lo que estará bien mañana, todavía no lo está hoy. La confianza ciega desemboca en la alienación de la conciencia y no permite que el individuo decida libremente.

4. El semejante atrae a sus semejantes.

Observando nuestro entorno, constatamos que los demás, en realidad, no son más que el reflejo de nosotros mismos. El hombre tiene tanto miedo de los demás, de lo desconocido, de lo que es distinto a él, que se acerca a todo lo que se le parece, con quien comparte creencias, color, etc.

No hay curaciones definitivas si no se produce ningún cambio profundo en la psique del enfermo. No hay remedios milagrosos para salvar a la humanidad porque, si tuviera que ser el caso, Dios ya lo habría hecho. Y entonces recuperamos el libre albedrío para poder renacer libres en las dimensiones humana y espiritual.

Método de prevención del Reiki

El autotratamiento es, sin duda, el logro más bonito del Reiki porque permite que el practicante lo aplique a conciencia para prevenir las enfermedades, protegerse contra la ignorancia y evacuar, mediante los sentimientos, todos los bloqueos emocionales. Pero, para que sea eficaz, se tiene que practicar con constancia. Lo conveniente es practicarlo media hora cada día en caso que la persona en cuestión no haga nada más dentro de la medicina energética (polaridad, magnetismo, yoga, meditación, relajación, etc.).

Sin embargo, también hay que señalar que la prevención real no quiere decir descubrir de manera precoz una enfermedad para así poder beneficiarse de una mejor intervención médica, sino que significa crear un contexto favorable para la mejora de nuestra constitución como lo preconiza la medicina Ayurvédica. Y para combatir la deuda galopante provocada por el aumento de los precios de los medicamentos, sería conveniente recuperar la antigua costumbre o modo de vida de la medicina china, es decir, no pagar al médico o terapeuta (los de Reiki incluidos) sólo por mantener a la gente con buena salud. Esto pondría un poco de orden en todas partes.

Pero, sin echarle la culpa al médico discípulo de Hipócrates o al terapeuta concienzudo, conviene recordar que el paciente también es responsable de este desorden. Así pues, a partir del momento en que empieza a encargarse de su propia salud, la medicina, en todas sus formas, sólo le ofrece equilibrio de manera natural.

El futuro iniciado ya puede empezar a aprender a colocar las manos sobre el cuerpo, respetando siempre tres puntos importantes:

Primer punto

Empezar por la cabeza (el cielo) y descender progresivamente hasta los pies para terminar por los brazos y las manos. Así fluye la circulación de la vida (fuerza magnética de gravedad terrestre). Los brazos y las manos son nuestros soportes de difusión del Reiki desde el interior hacia el exterior.

Segundo punto

No levantar las manos entre una posición y otra; sencillamente hay que deslizarlas una detrás de la otra para mantener el contacto Reiki y contribuir a la circulación de la energía con la fuerza del prana.

Tercer punto

Ser consciente de lo que uno hace, des-concentrarse lo menos posible y respirar profundamente con el vientre. Si suspiramos, nos movemos o nos distraemos no sentiremos cómo esta fuerza nos invade y nos habla en un lenguaje maravilloso, simbólico, rico en enseñanzas sobre los secretos de nuestro cuerpo y de todo el universo.

Ahora te invito a que vayas al final del libro y lo pruebes, aunque todavía no te haya iniciado ningún maestro de Reiki; ya verás como sientes algo. Tienes que aprender de ti mismo, porque el maestro no hace más que revelar lo que tú ya llevas dentro.

Curación en los demás

Cuidar de los demás es una necesidad vital. Descansa sobre una ley ontológica, lo que quiere decir que todo forma parte de un todo y éste de otro todo. Esto significa que estamos todos unidos en la misma energía y que si le hago bien a otra persona, también me lo estoy haciendo a mí mismo, porque el otro es una parte de mí en un plano mayor, en un plano holístico.

Y esto confirma el paradigma siguiente:

«Cuando uno recibe ayuda, la reciben todos y cuando uno resulta herido, lo resultan todos.»

De este modo, cada vez que halago a los demás, me estoy halagando a mí mismo de manera incondicional. No es lo mismo que mendigar el halago de los demás diciendo: «ya no me quieres».

La principal aportación del Reiki es ayudar a los demás en cualquier circunstancia y, en el primer nivel, esta ayuda se utiliza para aliviar nuestro entorno, nuestra familia, etc. Sin embargo, hay que decir lo que estamos haciendo y muchos iniciados en el primer nivel no saben cómo exponérselo a los demás. Aquí propongo una sencilla explicación que se puede dar:

«El Reiki es una energía beneficiosa para ayudarse a uno mismo y a los demás mediante la imposición de las manos.»

Es un tantra, un ofrecimiento de servicio que te das a ti mismo y que propones a los demás de una manera muy sencilla. Y recuerda que el Reiki no necesita que tú o los demás creáis en él para ser eficaz; le basta consigo mismo, como lo demuestra el Sol desde el principio de los tiempos, que sigue brillando a pesar de todo y no necesita de nada ni de nadie para manifestarse, únicamente hay que querer, aceptar su energía.

No hay mejor regalo que ofrecer a la creación (y nuestro cuerpo forma parte de ella) que reconocerse en el otro, bajo sus múltiples formas, colores y expresiones. Cada vez aceptamos más lo desconocido, en lugar de rechazarlo, en los meandros del subconsciente. Lo desconocido, en nosotros y a nuestro alrededor, es la reserva de energía más formidable e inagotable que acompaña nuestra existencia. Eleva el alma y nos agranda la conciencia hasta abrazar el planeta y todo el universo.

Así pues, la práctica del Reiki procura una gran satisfacción y plenitud cuando no va dirigida hacia un beneficio personal, como la necesidad absoluta de querer curar a alguien en contra de su voluntad. Por otro lado, esta actitud de querer curar a alguien, porque sí, no funciona porque la curación del Reiki conecta con los tres registros del ser: cuerpo, alma y espíritu.

No puede haber una curación definitiva sin que se produzca un cambio en la conciencia de la persona que la recibe. A menudo, la enfermedad aparece después de rechazar un cambio, ya sea en el modo de vida, de alimentación, de la manera de reprimir o expresar las emociones y de nuestra manera de ver el mundo en general.

Mi refrán preferido es el siguiente:

> **«Aprenderás más de alguien si lo escuchas que si le haces preguntas; su manera de hablar, el tono de voz, los gestos y los movimientos del cuerpo, así como las expresiones de la cara dicen mucho más que sus palabras».**

El desarrollo de una sesión de Reiki

Hay varias maneras de ofrecer el Reiki en el primer nivel y, a continuación, presento las que más suelo recomendar:

Una sesión tradicional

Colocar a alguien en la mesa de masaje, invocar a la fuerza universal de vida para que actúe sobre el paciente para que éste recupere toda la energía, las disposiciones físicas, emocionales y mentales. A continuación, empezamos a colocarle las manos delicadamente sobre la cabeza y vamos descendiendo hasta los pies (véase secuencia de trabajo en el punto «El autotratamiento Reiki»).

Urgencia

Colocar las manos directamente sobre la parte dolorida y respirar profundamente para dejar que el Reiki pase de las manos al cuerpo con las menos interferencias posibles (adecuado para problemas personales).

Consuelo

Es el Reiki de amor, la ternura y, por lo tanto, se transmite tanto por las palabras y las actitudes hacia el paciente como por los cuidados. A veces, cogerle la mano a alguien es más importante que un tratamiento de Reiki. Es recomendable, sobre todo, para personas mayores y niños pequeños. Aunque también se utiliza de manera espontánea en casos de separación, duelo, ante las grandes adversidades de la vida y en momentos de depresión.

Osmosis

Es la Presencia del practicante de Reiki. Emana, voluntariamente, una dulce atmósfera de tranquilidad, atención, devoción, humildad y disposición de escuchar. Esta experiencia sólo se puede vivir si uno está conectado con la energía Reiki o con la parte más noble de uno: la divinidad interior.

Amor incondicional

En este punto, no se manifiesta una presencia o un consuelo, sino la sabiduría. Implica una abertura total del espíritu, del corazón, una comprensión que va más allá de las palabras, un sentimiento muy profundo. La mayor parte de mis alumnos viven esta experiencia cuando llegan al Encuentro Verdadero, el seminario que permite acceder a la maestría de Reiki.

De nada serviría describir esta experiencia que queda grabada de por vida en el corazón de la persona, es un extraño instante de Amor incondicional. Estos momentos tienen una gran influencia en la relación con nosotros mismos y con los demás y, en ocasiones, nos libera de una carga muy pesada que nos acompaña desde la niñez.

Curación del mundo animal y vegetal

La experiencia del Reiki no sería tan maravillosa si no fuera por la diversidad de aplicaciones. El hombre forma parte del universo, y los animales no son algo sobre lo que tengamos derecho a decidir si deben vivir o morir. En el alma del mundo, los animales representan nuestras energías rechazadas porque nos creemos superiores a ellos.

No voy a abrir un debate porque me basta sobradamente con lo que veo a mi alrededor. Sencillamente constato que el animal, a diferencia del hombre, no se ha alejado de la naturaleza, aunque algunos animales domésticos empiezan, en cierto modo, a adoptar nuestras malas costumbres alimenticias y nuestro sedentario modo de vida.

En nuestra compañía, el animal reacciona con nuestros instintos más profundos. A menudo, sólo hay que mirar al animal y al dueño para entender quién es el reflejo del otro.

La enfermedad de un animal suele estar relacionada con la de su dueño. En general, están en perfecta simbiosis. A nivel terapéutico, basta con coger al animal con las manos para tranquilizarlo casi de inmediato. La duración del tratamiento depende de la respuesta del animal porque, cuando ha tenido bastante, se levanta y se va. Si, en ese momento, el practicante tiene las manos frías, el diagnóstico significa el frío de la vida.

La curación de las plantas

El mundo vegetal es un universo embriagador para el que sabe interpretar su mensaje, acariciar su textura y observar sus lentas metamorfosis a través de los ciclos de la naturaleza. Cuidar una planta viene a ser lo mismo que cuidarse uno mismo, sobre todo a nivel emocional. Cada planta tiene un color, un perfume, una forma y un tamaño distinto y todas forman parte de nosotros. Puedo identificarme con un árbol, una flor, puedo recibir su fragancia, pero también tengo que ser capaz de querer y reconocer a las demás especies.

Este conocimiento nos amplía la conciencia y nos reduce el miedo a lo desconocido.

El tratamiento a una planta con Reiki se realiza por osmosis, es decir, con nuestra presencia. La planta se regenera con nuestro contacto o se marchita dependiendo de la calidad de nuestras emanaciones y nuestro amor por la naturaleza. Si una planta necesita tratamiento de Reiki, se le da por las raíces, sin tocar el tiesto. No hay que olvidar que una planta se tiene que regar; se parece a nosotros, también necesita alimentación terrestre.

Los cinco principios de Usui

Los principios del Reiki no son dictados de vida, sino estados de conciencia que un practicante debe luchar por alcanzar, para su beneficio y el de su entorno.

Un principio o un dictado de vida impuestos no resultan en ninguna evolución ni en ninguna asunción del destino de cada uno. Para que la energía pueda circular sin obstáculos desde el cielo hasta la Tierra, el doctor Mikao Usui estableció los cinco principios que siguen:

Aunque sólo sea por hoy:

- **No te preocupes**
- **No te enojes**
- **Sé amable con todos**
- **Sé agradecido**
- **Trabaja duro y gánate la vida honradamente.**

Antes de cada acción, lee cada mañana los cinco principios porque te van a marcar profundamente y te indicarán el camino a seguir durante el día. Haz lo mismo antes de tomar una decisión importante en tu vida o antes de cada discusión que vayas a mantener. Estos cinco principios serán como tus ángeles de la guarda y te ayudarán a ser más tú mismo en lo más profundo de tu conciencia.

Por la noche, justo antes de acostarte, repasa mentalmente el día, mira cuándo aplicaste estos principios y cuándo te olvidaste de ellos y cuáles fueron las consecuencias para ti y para los demás. Este análisis te permitirá mejorar, estar cada vez más cerca del corazón, del Reiki y de los demás.

Desarrollé estos cinco principios voluntariamente para que cada uno pudiera sentirlos a su manera y los adaptara a su modo de vivir, siempre respetando las distintas culturas y creencias personales. De nada sirve obligar a alguien a aplicar los cinco principios y luego culparlo todavía más si no llega a cumplirlos. Si se hace un pequeño esfuerza cada día, llegará un momento en que estos principios serán naturales; para nosotros serán una fuente de bienestar y, para los demás, una fuente de inspiración.

En mi opinión, el hombre es bueno por naturaleza. Guardo una sincera esperanza de ver cómo mejora el mundo y si empiezo por mejorar yo, conscientemente voy a influir en los que me rodean y en todo el universo.

También puedes inspirarte en la Biblia, el Corán, la Torah, el Zohar, los Vedas, el I Ching, el Tao o cualquier otra enseñanza que persiga unificar el ser con su entorno.

Lo sagrado siempre está en nuestro interior y, si lo llamamos, renace de inmediato y nos ayuda a encontrar una identidad más humanista. También guardo esperanzas de ver, a inicios de este tercer milenio que se anuncia lleno de metamorfosis, cómo la ciencia y lo sagrado recuperan la alianza perdida. Para parafrasear lo que acabo de decir, te invito a leer este breve cuento iniciático.

La fuente de la vida

A la entrada de un pueblo de algún lugar de Oriente había una magnífica fuente donde, a menudo, iba a sentarse un gran sabio porque allí, observando a los habitantes del pueblo, encontraba una fuente de información.

Un día, mientras estaba allí sentado, vio llegar a un europeo que buscaba alguna indicación. El hombre le preguntó al sabio:

—¿Cómo es la gente de este pueblo?
El sabio le respondió con otra pregunta:
—¿Cómo es la gente de donde vienes?
—Es amable y buena, y me dio mucha pena dejarla…
Y el sabio le respondió:
—Aquí son iguales.
Un poco más tarde, otro viajero le hizo la misma pregunta:
—¿Cómo es la gente de este pueblo?
El sabio le respondió igual que antes:
—¿Cómo es la gente de donde vienes?
—Ah, es mala y deshonesta, no me dio ninguna pena dejarla.
Y el sabio le respondió:
—Aquí son iguales.
Una tercera persona que había presenciado las dos escenas le preguntó al sabio:
—¿Cómo puedes dar una respuesta distinta a dos personas que te han preguntado lo mismo?
Y el sabio le respondió:
—Verás, hijo, dondequiera que vaya, el hombre siempre lleva consigo su propia visión del mundo.

De este modo, si creo que no vale la pena vivir la vida, siempre me encontraré con circunstancias que vienen a confirmar mis creencias y si, por el contrario, creo que la vida es algo formidable, entonces mi existencia estará llena de felices encuentros y me confirmará que lo que llevo en el interior se refleja en el exterior. Así funciona el mundo.

El hombre al servicio de la naturaleza

Reinar sobre la naturaleza no quiere decir explotarla. ¡Es como si un niño se aprovechara de su madre y luego la rechazara! ¿Y no es eso lo que sucede hoy en día? Es importante entender que

lo que le hago a la naturaleza, me lo hago a mí mismo. Si destrozo la naturaleza, de donde provengo, estoy perturbando mi cuerpo y el microcosmos.

Es urgente entender que la salud del planeta y de mi cuerpo están estrechamente ligadas, no hay diferencia entre ellas. Me moldearon en la misma matriz de la vida a través de los cuatro elementos: fuego, aire, agua y tierra. Si aprendo a observar las reacciones de mi cuerpo, empezaré a entender la naturaleza; y si observo la naturaleza, entiendo el universo.

Lo que está abajo es como lo que está arriba.

Mensaje del bosque

El grito del bosque

Soy el alma del bosque, mi cuerpo es múltiple, mis formas numerosas. Soy el pulmón enérgico de la Tierra.

A través de mi energía, el bosque se revitaliza; se regenera en primavera, mira al sol en verano, se llena de flores en otoño y descansa en invierno.

Soy el ciclo de la vida, atravieso todas las edades. Soy más viejo que la creación, soy el hálito de la vida, la alimentación de todas las cosas.

Estoy unido a los cuatro elementos de la naturaleza. La tierra me alimenta, el agua me regenera, el viento me acaricia y el fuego me calienta en el interior y el exterior.

Estoy en armonía con todas las cosas de esta Tierra. Formo parte del reino vegetal, del alma del mundo.

A nivel humano, soy la emoción, el sentimiento, la pasión, el encuentro, la comunicación con todo ser vivo.

Hoy la tempestad nos ha castigado con furia, uno de los elementos de la madre naturaleza está en cólera; el viento desata su cólera contra la humanidad.

Sí, mi alma sufre, mi cuerpo está herido, mi naturaleza está destrozada.

Oh, hombre, ¿no oyes el quejido que sube de la Tierra hasta el cielo? ¿Estarás mucho más tiempo sordo ante tu alma, que se agrieta, se desintegra y pierde todo contacto con la naturaleza?

Sí, la naturaleza exclama su dolor; es como un niño, que no tiene otro medio de expresión que el grito: el viento es su voz y ella se sacrifica por el despertar de la conciencia humana.

Oh, humanidad, ¿estarás mucho más tiempo dormida? ¿No te sientes parte de la Tierra, la naturaleza o tu cuerpo?

Oh, humanidad, te has alejado tanto de la orilla de tu vida que estás totalmente aislada, solitaria; has perdido todos tus reparos interiores y exteriores.

Oh, humanidad, este grito es un mensaje de amor dirigido a los hombres de buena voluntad, para que reaccionen y aprendan a ver la naturaleza y el alma en todo.

Oh, humanidad, observa la desolación que ofrece la naturaleza que te rodea; es un mensaje.

Oh, humanidad, vuelve a aprender a vivir con la naturaleza, tu auténtica madre, tu unidad, la concordia entre los seres y el entorno.

Oh, humanidad, es hora de reaccionar porque si no entiendes el idioma del bosque, debes entender lo que ves.

Oh, humanidad, visita el bosque y comprenderás que todo lo que lleva a su naturaleza, lleva a toda manifestación.

Oh, humanidad, el bosque se ha sacrificado para que entiendas a tu corazón porque grita; mira el bosque y mira tu cuerpo, son un solo y mismo cuerpo.

Oh, humanidad, no mires únicamente hacia el exterior. Mira tus emociones, tus ideas, tu cólera. Soy el viento, el bosque y te hablo a través de los elementos.

Oh, humanidad, hoy tiemblo con el elemento tierra, purifico con el elemento agua y pronto con el terrible elemento fuego. Fuego de bosque, de cuerpo; tierras inundadas por el cuerpo: emociones mal administradas, bosque devastado por el viento, pensamientos incontrolados.

Oh, hombre, a ti te hablo. ¿Qué esperas para reaccionar, para armonizarte contigo mismo y con tu entorno?

Se dice que el gran día de mi revelación está cerca. Aprende a leer los signos de la naturaleza, porque son tus gritos, tus excesos, y ella te lo dice todo.

Escucha el grito de tu corazón, es el grito del bosque; observa la desolación, es tu mundo interior.

No esperes a que el suelo se abra bajo tus pies para reaccionar. Aprende de las lecciones de la vida; el medio natural es el reflejo de tus temores, de tus excesos y de tu desconcierto.

Oh, humanidad, acércate hoy al bosque y háblale. Dile que lo quieres, pídele que te ilumine acerca de la naturaleza de tu ser y tu relación con la naturaleza.

Habla con el viento, te responderá en forma de ligera brisa o de poderoso vendaval.

Habla con el agua, que te llenará de emociones, de ternura y de compasión.

Habla con el fuego, la luz, y te iluminará la conciencia y te alegrará el cuerpo y el corazón.

Habla con la Tierra, habitante de la Tierra, hablas con tu madre, la Creadora de todas las cosas.

Aprende a dialogar con ella y encontrarás la serenidad, y los elementos se calmarán.

Hasta pronto, amigo de la naturaleza viviente.

(Respuesta del huracán Lothar el 26 de diciembre de 1999)

El autotratamiento Reiki

El autotratamiento es la base del Reiki de Usui. Es el método más sencillo y natural para encargarse de la salud de uno mismo. En caso de enfermedades graves, su aplicación se convierte en una medicina complementaria magnífica y, de lejos, la más eficaz sin efectos secundarios.

> Practicar el autotratamiento Reiki es una excelente medicina de prevención y regeneración.

Posición 1

Chakra del corazón

Alineamiento de las energías del cielo y de la Tierra.
Recuerdo mis orígenes. Soy un ser único y completo. Confío en la energía.

Posición 2

Llamamiento a la energía Reiki

Sé que la energía me llena y me purifica de todas las preocupaciones. Me da el valor para enfrentarme en todo momento a mis obligaciones.

Posición 3

Chakra de la corona

Recibo la energía de vida en lo alto de la cabeza.
Calma los dolores de cabeza, las migrañas y, en general, todo lo relacionado con la mente.

Posición 4

Chakra frontal

Amplío mi visión del mundo y de mi universo personal.
Dolor de ojos, rechazo a ver la realidad de frente.

Posición 5

Chakra del oído interno

Puedo escuchar lo que el mundo interior y exterior me dicen.
Acúfenos, desequilibrios, vértigos.

Posición 6

Chakra de la garganta

Siento mi verdadera esencia y puedo expresar mi verdadera identidad.
Miedo a decir que no, a hacer daño o a ser juzgado.

Posición 7

Chakra de la garganta

Confío en mí y expreso mi ser profundo.
Anginas, dolor de garganta, dificultad al tragar.

Posición 8

Chakra del timo

Me siento bien, respiro profundamente y me centro.
Bronquitis, tos nerviosa, angina de pecho.

Posición 9

Chakra del corazón

Vuelvo a mis raíces, estoy en armonía con todo mi ser.

Angustias, dificultades respiratorias, problemas cardiovasculares, penas del corazón.

Posición 10

Chakra solar

Me libero, digiero mis emociones y me afirmo totalmente.

Miedo al juicio, a lo desconocido, a afrontar una situación delicada.

Posición 11

Chakra sacro

Me libero de todas las emociones negativas, siento que revivo.

Miedo a la vida, a sentir emociones, sexualidad, bloqueos.

Posición 12

Chakra raíz (base)

Me libero de lo antiguo, me centro en la Tierra y me siento unido a lo esencial.

No temo a nada, estoy bajo la protección de la madre naturaleza, vuelvo completamente a mis raíces.

Posición 13

Chakra raíz

Me permito cambiar y avanzar en la vida. Libero mi cólera y me convierto en un ser flexible con mis creencias y principios.

Posición 14

Chakra sacro

Me libero de las culpas, tengo derecho a descansar y a pensar en mí.
Ciática, lumbares, miedo a lo desconocido.

Posición 15

Chakra raíz

Echo raíces, me fijo mis límites interiores y exteriores.
Pérdida de referencias, miedo al abandono y a la falta de seguridad.

Posición 16

Chakra raíz

Adquiero soltura y confianza en mí y en la vida.
Desequilibrios, miedos de la vida y de las preocupaciones financieras.

Posición 17

Chakra raíz

Me reencuentro con la alegría de vivir, el entusiasmo, la seguridad interior y vivo el momento presente.
Pasado, resentimiento, cólera.

Posición 18

Chakra raíz

Soy flexible, humilde y sereno, ahora me olvido de todo lo demás.
Rechazo al cambio, a doblegarse ante una nueva realidad, miedo a convertirse en lo que uno más teme.

Posición 19

Chakra raíz

Me abro a nuevas experiencias, dejo salir toda mi creatividad.
Crispación, espasmos, circulación sanguínea.

Posición 20

Chakra raíz

Estoy totalmente encarnado en mi cuerpo y soy responsable de mi vida.
Preocupaciones, miedos, inseguridades, pensamientos negativos.

Posición 21

Sin dejar el pie derecho y sin incorporarse, colocar la mano izquierda sobre el hombro derecho. Después colocar la mano derecha sobre el hombro izquierdo, como se ve en la imagen.

Posición 22

Chakras menores

Me libero del peso del mundo sobre mi espalda desplegando mis alas interiores. Fibromialgias, poliartritis, dolores erráticos, rechazo a olvidarse de todo.

Posición 23

Chakra del corazón

Me siento bien, el ritmo del corazón y de la Tierra me mecen.
Cerrarse en uno mismo, compadecerse de sus sufrimientos, rechazo a la comunicación.

Posición 24

Chakra del plexo solar

Me calmo y libero las emociones reprimidas.
Rechazo a enfrentar la realidad, la crispación, rechazo a cambiar de opinión o de creencia.

Posición 25

Chakra solar

Me adapto a todas las situaciones y me abro a un nuevo campo de conciencia.
Rechazo a vivir la vida de otra manera, tristeza.

Posición 26

Chakra solar

Me perdono y perdono a los demás, doy la mano y la vida continua.
Falta de flexibilidad, de ternura y de compasión.

Posición 27

Chakra cardíaco

Reencuentro la plenitud de mi corazón, estoy tranquilo y en plena forma.

Posición 28

Chakra cardíaco

Doy gracias a la fuerza cósmica por haberme regenerado completamente, gracias.

Preventivo: duración entre 15 y 30 minutos al día.
Terapéutico: duración entre 30 y 60 minutos al día.

SEGUNDO NIVEL DE REIKI
Acción sobre el cuerpo emocional

El árbol de la vida del mundo de la creación

En el capítulo del Génesis de los textos sagrados, Elohim dijo: «Hagamos al hombre a nuestra imagen y semejanza.» Por lo tanto, todo ser humano posee en su interior el poder creativo. Lleva esta fuerza ontológica inscrita en los genes. Es una increíble energía regeneradora que, aunque descansa en nosotros, sólo está esperando nuestra buena voluntad para manifestarse.

Desgraciadamente, el hombre se ha separado de su fuente, de su verdadera naturaleza; ya no comprende el lenguaje simbólico, cree que se le debe todo y pone mala cara ante el esfuerzo necesario para construir una obra extraordinaria, es decir, para tener éxito en la vida. Cada uno de nosotros lleva dentro los gérmenes de su

El árbol de la vida de la Cábala.

futuro, el conocimiento de la ciencia y el poder de la curación.

Tenemos que recuperar la simplicidad, buscar su libre albedrío, su poder creativo, su facultad de construir y desarrollar su papel en la trama humana. Esta ciencia no está en el exterior o dentro de la tecnologías, porque recuerda que las formas sólo son apariencias transitorias, sólo son un reflejo de la vida. El mundo invisible es la energía de vida que nos corre por la sangre y por los nervios.

La misión del hombre corresponde al mundo visible, a la materia y a su transformación. Si no ve la semejanza entre el cielo y la Tierra, se aleja de su fuente, de su morada filosofal.

Si escucha cómo canta la sangre en las arterias y cómo suena el ritmo del corazón, se identificará con la fuente, beberá del néctar celeste a través de la respiración y los pensamientos superiores le hablarán de su naturaleza incorruptible.

El hombre tiene el poder de regenerarse, sólo necesita un poco de confianza. Esta confianza nace de la acción y de escuchar (dar y recibir). Al empezar a andar solo, el hombre recupera su poder, el que había dado a los demás y a su entorno. Aprende a escuchar las señales de su cuerpo. Cada síntoma es una señal, una indicación de que es necesario, incluso urgente, volver a centrarse y situarse en este vasto universo.

La primera misión del hombre en la Tierra es mantener el cuerpo en buena salud y, para ello, tiene que aprender a confiar en él mismo, a creer que, con su manera de pensar, puede cambiar las cosas y a sentir sus propias emociones.

Lo invisible son nuestros pensamientos y emociones; son energías considerables aunque sólo necesitan un maestro de ceremonias que las guíe, las una y las relacione con la vida.

> De este modo, el Reiki obtiene su fuerza de la inagotable reserva que representa la creación en constante expansión.

Los siete días de la creación

El árbol de la vida del mundo de la creación

El mundo de la creación (Briah) está formado por grandes arcángeles de luz, y cada uno de ellos tiene una misión específica que cumplir y que revelarnos. Son entidades del orden de los rectores cósmicos, dotadas de una sabiduría, un amor y una inteligencia infinitas. Sólo conciben la luz y, por eso, sólo ven la luz en nosotros.

Sobre los diez arcángeles del árbol de la creación hay uno, el primero, o mejor dicho el cero, un ser tan grande que su sacrificio lo hace comparable con Dios. Carga con toda la miseria del mundo, es el que se sacrificó voluntariamente para que nuestro periplo, nuestra leyenda personal, pudiera producirse. Es aquel para quien todo llega y todo termina, es nuestra primera separación, nuestra división en dos polos distintos: el femenino y el masculino.

Posee una luz tan brillante, tan pura, que únicamente aquel que lo descubre en este nivel puede entenderlo y quererlo. Su papel es tan grande que me permito formularlo en forma de alegoría: la génesis de la creación.

Por mucho que cueste imaginarlo, haz el favor de seguirme en el laberinto que presento a continuación:

Antes de la creación de los mundos, las galaxias y los universos, Dios reinaba en solitario en su infinita grandeza. No había nada, ni siquiera un pensamiento, nada, y eso es algo sencillamente imposible de imaginar menos para el que ha vivido la experiencia de una iluminación, donde todo es todo.

De este modo, de Dios emanaron unos seres resplandecientes que se le parecían en la forma y los atributos. Son los famosos Elohim del Génesis. Dios emanó ideas cósmicas que permanecieron en un presente eterno. Disfrutó creando los universos, los mundos,

El segundo nivel de Reiki 73

las estrellas y los seres vivos a su imagen y semejanza. «Hagamos al hombre a nuestra imagen y semejanza.»

Este discurso llegó a la más maravillosa de las emanaciones, a la más fiel entre las fieles. Y dijo: «Señor, dime qué esperas de nosotros y lo haré por amor a tu Inefable Nombre.» Entonces, Dios adquirió un aire tan solemne que hizo temblar los fundamentos de su unidad. Y le dijo al más fiel de sus semejantes: «A ti que eres mi igual, que eres el más estable y a la vez la mayor luz sobre la que podría apoyar eternamente mi creación: crearé mundos y universos a nuestra semejanza y tu misión, portador de la luz única, será ir en sentido contrario al mío y te esconderás en una luz tan brillante que nadie podrá conocerte. Tu trabajo será retener a los seres que yo emane para que sean tan luminosos como tú, oh mi más fiel arcángel, primogénito e hijo pródigo para quien todo ocurre y todo regresa a tu suprema semejanza.» De este modo, este ser tan bueno, a semejanza directa de Dios, contiene el mayor secreto para que el alma despierte hasta la redención final.

Desde ese día, el portador de la luz se encarga de toda la ignorancia de los seres cuando se convierten en espirituales. Escucha tu corazón: solamente él puede entender este gran misterio.

La versión de libro del esplendor

«Al principio, Elohim creó» el cielo y la Tierra a partir de tres letras madre que representan los tres elementos de la vida: fuego, aire y agua. El triángulo formado por estos tres elementos actúa como un prisma cuando descompone la luz blanca en siete colores. Del mismo modo, la primera vibración o, en otras palabras, la luz infinita, se transforma por la acción de los tres elementos primordiales o letras madre y se descompone en siete letras dobles (cielo y Tierra).

Estas siete letras o colores simbolizan las siete extremidades del mundo: alto y bajo, Este y Oeste, Norte y Sur y, por último, el medio.

Las siete letras dobles son obra del Santo, Bendito sea. Él las grabó, esculpió, permutó, pensó y, al final, metamorfoseó. Con ellas, formó siete planetas de base en el universo, siete días y siete

puertas en el hombre y la mujer: dos ojos (fuego), dos orejas (aire), dos narices (tierra) y una boca (agua).

Después, las letras se dividieron en doce sectores que son las doce letras simples, que representan las doce direcciones intermediarias del espacio, los doce signos del zodíaco y los doce meses del año.

La suma de estas letras (3 + 7 + 12) es 22, que simbolizan las veintidós letras sagradas de lo Divino y engendran los mundos a cada instante. Aparecen como lenguaje simbólico pero ocultas en los veintidós arcanos mayores del tarot.

Cada símbolo lleva una imprenta divina, un ideograma, una ondulación y cuánto más antiguo es el símbolo, más fuerza tiene.

La ciencia sagrada de los símbolos

La palabra símbolo viene del griego y quiere decir signo: objeto, fenómeno o acción material que, por naturaleza o convención, representa o sustituye a otro. (*Diccionario de la Real Academia de la Lengua.*)

Con una mayúscula, la palabra Símbolo se convierte en una fórmula, un código divino, una energía encerrada en una forma, una imagen, un ideograma.

Por encerrada, se sobrentiende que el símbolo debe expresarse. En el ámbito de la salud, la manifestación y el terreno es nuestro cuerpo, el cuerpo de la creación, el laboratorio de experiencias.

Toda ondulación libera un campo electromagnético, una vibración. La repetición de un símbolo activa su fuerza. En el Reiki, cada símbolo viene acompañado de un mantra o de un elemento fonético. «El verbo se hizo carne.»

Cada símbolo tiene un principio y un final, una dirección, una orientación y la representación se hace en negro sobre blanco. Las ciencias sagradas enseñan que el negro es la noche sideral que precedió a la creación. Observa la noche, cuando el Sol se esconde por el horizonte, el poder del vacío sideral no tiene límites, no tiene fin, ya estaba allí antes del principio.

Las propias letras son símbolos porque transmiten un conocimiento, una enseñanza a través del verbo y de los ideogramas. No es porque no conozcamos una cosa que no existe.

El símbolo es de naturaleza humana, pero la energía que contiene es de naturaleza divina. Así, los símbolos nunca pueden ser nocivos para el que los recibe, sólo pueden serlo para el que los emite en la dirección incorrecta (por interés o enriquecimiento personal).

La emisión de los símbolos nunca sale al encuentro de la parte divina personal de cada ser de la Tierra.

Cada símbolo se tiene que esculpir (visualizarlo en tres dimensiones), grabar (imprimirlo, negro sobre blanco) y pesar (determinarlo, situarlo).

La fuerza de curación de un símbolo viene determinada por el receptor, no por el emisor. Una vez emitido, el símbolo entra en resonancia con una egrégora, porque esta última representa multitud de pensamientos milenarios provenientes de las repeticiones de símbolos u oraciones.

Cuánto más en armonía estén el símbolo y la oración con la egrégora, más actúa esta última a nivel subconsciente activando el sistema de curación natural en el interior del receptor.

Los tres símbolos Reiki de la tradición Usui

La fuerza de un símbolo reside en su carácter sagrado, por lo tanto no se debe divulgar, en ningún caso, a una tercera persona de forma intencionada. Conviene guardar el secreto para que pueda emitir su energía sin interferencias (onda contraria).

La revelación de los símbolos en este libro aparece para desmitificar su uso por parte de determinados maestros o asociaciones que quieren, con ello, controlar a sus alumnos.

Una lámpara está hecha para iluminar, y el símbolo, por su onda magnética, permite hacer circular las energías por todo nuestro ser a través de las emociones (agua) y los pensamientos (aire). La Tierra representa la forma, el apoyo que permitirá que la energía se manifieste. El fuego es la voluntad de curar, de recuperar la unidad en todas las cosas y no únicamente de hacer desaparecer un síntoma.

El primer símbolo Reiki (CKR)

Cho Ku Rei es la palabra japonesa, el mantra, que permite activar la energía del ideograma; su representación gráfica determina su fuerza, la manera de emitirla y de recibir el poder de curación.

CKR es el primer símbolo dotado de un poder infinito, sobre todo en los problemas de origen físico, como una quemadura, un corte, un esguince o cualquier golpe que venga de exterior. El apaciguamiento es casi inmediato si el dolor no es, en sí mismo, un elemento activo de la curación a un nivel más profundo, casi espiritual. La abreviatura CKR viene de los ideogramas japoneses y en español se podría traducir, como mantra, de la siguiente manera: es una orden del emperador, por lo tanto es una orden de Dios o viene de Dios.

Este símbolo tiene la capacidad de reconstruir al que ha sucumbido al esfuerzo, a las dificultades que han llevado al cuerpo físico al abismo. Puede purificar un espacio como, por ejemplo, una sala de reunión, pero también un medicamento, el agua, la comida, etc.

Aplicaciones prácticas del CKR

- Viene de Dios...
- Que se cumpla tu voluntad...
- Que tus manos sean las mías...

Su acción sobre uno mismo o sobre los demás:

- Aumenta la vitalidad de un órgano, del sistema vital o la memoria celular.
- Purifica una zona contaminada donde va a practicarse Reiki.
- Favorece la cicatrización de las heridas, los golpes y las quemaduras.
- Purifica el cuerpo y hace que el símbolo discurra por el fuego mental, en el sentido de las agujas del reloj, en las partes que sufren.
- Revitaliza la comida, hace aumentar su principio activo y disminuye los efectos secundarios; y lo mismo con un remedio cuyos efectos secundarios no estamos seguros de poder soportar.

  «La alimentación es el primer remedio del hombre y su primer veneno», Paracelso.
- Estimula los brotes de las plantas, las regenera; las hojas son más brillantes.
- Recupera la fuerza de vivir en un animal que ha sufrido un duro golpe físico o emocional.
- Aumenta la energía vibratoria del planeta, siempre que se utilice con respeto.
- Purifica los iones positivos de una habitación (invertir el símbolo para hacer salir las energías).
- Utilizado con el segundo símbolo, SHK, permite reunir lo que separa a un ser, dos personas o un grupo de personas y el entorno.

Esta técnica aparece descrita un poco más adelante.

Recomendaciones para la utilización de los símbolos Reiki (sutras):

- No comunicarlo a una tercera persona.
- Utilizarlo únicamente en caso de fuerza mayor o cuando, en tu conciencia, aparezca uno de ellos.
- Prestar mucha atención a la visualización durante el trazado y la mentalización del mantra (Fuego-Agua-Aire).

Es conveniente utilizar estos símbolos Reiki en el marco de la curación sobre el plano holístico. Un símbolo actúa simultáneamente sobre el cuerpo, el alma y el espíritu. La materia y el espíritu son uno.

> **Todo afecta a todo. Si le pido a la energía universal del Reiki que actúe sobre un símbolo, lo hace en el sentido de la voluntad divina y no en el del paciente o el practicante de Reiki.**

La forma del símbolo CKR

Fuerza centrípeta con rotación de la espiral en el sentido opuesto a la agujas del reloj.

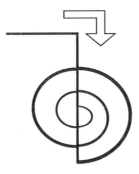

Interpretación del Ideograma (La Madre).

El techo del mundo es la primera línea horizontal, que significa el cielo, lo más alto, la generación de la vida. La segunda línea es vertical, que encarna la energía divina, que desciende del cielo a la Tierra. La espiral indica la energía centrípeta que se acerca al centro de derecha a izquierda. Este movimiento permite que la energía receptora penetre en el cuerpo energético.

Inversión del símbolo CKR

Fuerza centrípeta con rotación de la espiral en el sentido de las agujas del reloj.

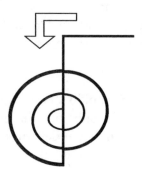

Interpretación del Ideograma (El Padre).

El techo del mundo es la primera línea horizontal, que significa el cielo, lo más alto, la generación de la vida. La segunda línea es vertical, que encarna la energía divina, que desciende del cielo a la Tierra. La espiral indica la energía centrípeta que se acerca al centro de izquierda a derecha. Este movimiento permite que la energía emisora o Yang penetre en el cuerpo energético.

Esta vibración pone en resonancia el cuerpo energético con el cuerpo físico.

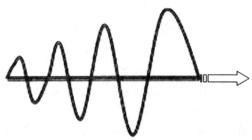

Onda magnética que emite el símbolo CKR.

Sei He Ki (SHK)

Segundo símbolo del Reiki tradicional de Usui. Es una llave que abre lo que está cerrado, particularmente en el terreno mental y emocional. Al utilizar este símbolo, el cielo (espíritu) y la Tierra (cuerpo) se convierten en uno. Es el matrimonio entre el interior y el exterior. Purifica todo lo que no está acorde con la naturaleza profunda del ser.

El SHK sirve para conducir la energía del principio de Reiki sobre el cuerpo holístico (cuerpo-alma-espíritu), así como sobre los tres niveles de la mente superior.

Actúa sobre:

- **La conciencia: madurez de ser**
- **El inconsciente: lo desconocido en uno mismo (Karma)**
- **El supraconsciente: el amor incondicional y la sabiduría interior.**

Esta tríada permite conectarse con la energía universal de vida y su símbolo encarna los cuatro roles siguientes:

- Purificación de las emociones, de los pensamientos y de las heridas emocionales.
- Protección para neutralizar las vibraciones negativas de una persona o de un lugar.
- Armonización del corazón y de las emociones.
- Comunicación, expresión de su receptividad, sensibilidad y creatividad.

> **Es la llave de universo donde el Hombre y Dios se convierten en Uno.**

¿Cómo Utilizar el SHK?

Se aplican las mismas recomendaciones que con el primer símbolo, CKR, aunque, en cuanto a la curación, sólo se utiliza en la cabeza.

El ideograma del SHK.

Aplicaciones prácticas del SHK

«Oh, llave abre.» Repetir mentalmente tres veces.

- Permite alinear el triángulo de los chakras superiores, los llamados mentales, y provocar los cambios necesarios para empezar la curación de problemas psíquicos o psicosomáticos.

- Protege contra los ataques psíquicos, como los pensamientos negativos en contra de uno mismo o de los pacientes.

- Armoniza una situación conflictiva con el entorno.

- Ayuda en caso de depresión, pena, duelo, abandono o separación.

- Soluciona problemas de memoria después de un golpe emocional.

- Lucha contra el insomnio o las pesadillas después de una decepción amorosa.

- Libera el estrés almacenado en la mente.

- Permite hacer frente a la adversidad mucho mejor.
- Ayuda a abrirse a la auténtica comunicación.

Significado del ideograma en su onda de forma:

De naturaleza más femenina, este símbolo actúa más en el sentido de la recepción. Las líneas angulares (Yang) se metamorfosean en energía Yin en la parte inferior para terminar en un semicírculo, después un arco y, al final, dos círculos: los captadores u orejas.

Método (relación)

Efectúa tres SHK sobre la persona que se ha puesto en contacto contigo y otros tres sobre la otra persona respecto a una tercera o a su entorno. A continuación, reúne a estas dos personas

Esquema ilustrado (conflicto relacional).

con el primer símbolo, CKR; repítelo tres veces y di: «Que se haga tu voluntad.»

La utilización del SHK en un conflicto relacional no se debe aplicar para unir a una pareja o una relación que no funciona.

Esta utilización sólo debe realizarse en casos de grandes crisis, y sólo para que los corazones de las personas en conflicto saboreen un poco de humanidad. Jamás inmiscuirse en una relación así o tomar partido con la energía Reiki.

Hon Sha Ze Sho Nen (HSZSN)

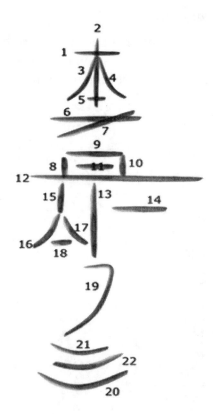

El tercer símbolo es el último del segundo nivel de Reiki. Permite trabajar sobre una persona a distancia, ya esté a un metro o en el otro extremo del mundo.

Significado del ideograma:

Tiene una relación muy estrecha con el ideograma del Reiki, ya que está formado por 22 trazos (arcanos o secretos) que corresponden a las 22 letras de la creación o a los caballos de fuego del Árbol de la vida del Génesis. Cada forma tiene una energía, una dirección. Se articula con los 22 niveles que permiten a la luz adquirir una forma bajo la apariencia de la materia, la del cuerpo humano y la de la creación. Reiki significa «fuerza invisible, encárnate en la Tierra», y esto corresponde a una transmisión que implica alejamiento, distancia.

El ideograma representa la columna vertebral, un río celeste que transmite la fuerza del Reiki desde la cabeza hasta los pies. También existe una correspondencia secreta entre este símbolo y las siete principales espirales de energías (chakras), así como con las distintas funciones que activan en el cuerpo las fuerzas de autocuración (estupa).

Cada trazo de un símbolo se esculpe, se talla, se traza, se graba y se verbaliza en el silencio y se transforma para realizar una curación a distancia.

En castellano, podría traducirse de la siguiente manera:

La persona, seria y sincera, dice: «Mi Dios interior intenta alcanzar a tu Dios interior para favorecer la iluminación y la paz.»

¿Cómo utilizar este símbolo?

1 Pedir la autorización para tratar a la persona implicada cogiendo sus datos: nombre, apellidos, fecha y lugar de nacimiento, etc.

2 Si es posible, trabajar con una fotografía de la persona que se va a tratar.

3 Preguntar el tipo de tratamiento que hay que realizar: apaciguamiento del dolor, detener una hemorragia, dar seguridad o reconfortar a esa persona, etc.

4 Centrarse, relajarse un minuto, sentir la energía Reiki en el corazón.

5 Lanzar el primer símbolo CKR tres veces hacia la persona (lugar donde se encuentre en el momento del tratamiento).

6 Visualizar tres HSZSN y la fuerza irá inmediatamente hacia la persona tratada.

7 Hacer un trabajo de visualización del la Luz de Reiki sobre la persona y sobre la parte dolorida.

Duración del tratamiento:

Varía entre 10 y 20 minutos según la persona que trata y la que recibe el tratamiento.

Aplicaciones prácticas del HSZSN

Puede traducir el siguiente concepto: no hay pasado, ni futuro, ni presente. Permite entrar en contacto con la memoria universal, con el agente o el fuego secreto para neutralizar toda forma de agresión o de falta de conciencia.

- Tratamiento para males de tipo fisiológico, psicológico y mental.
- Purificar un lugar donde, por ejemplo, se va a celebrar una sesión de Reiki.
- Aumentar o reducir la tasa de vibración de un alimento, de un medicamento o de una planta.
- Curación planetaria con la meditación Reiki cada noche a las ocho.
- Curación sobre una zona o lugar devastado por una tempestad para auxiliar a las víctimas y fortalecer a los equipos de rescate.

- Limpiar las egrégoras negativas, los lugares con tensiones entre pueblos sin dar privilegios a una cultura determinada.
- Difundir la luz, el amor y la alegría por todo el universo.

Al final del tratamiento a distancia, hay que dar las gracias a la energía Reiki por su trabajo.

Tres iniciaciones al segundo nivel de Reiki

Dentro de la tradición sagrada más pura del Reiki de Usui, hay tres iniciaciones que corresponden a la revelación de los tres primeros símbolos y a los principios de la vida que rigen todas las cosas, y que son el cuerpo, el alma y el espíritu.

En esta etapa, recibo alumnos que vienen de todo tipo de maestros de Reiki distintos y esta variedad de colores permite que el Reiki se adapte a la personalidad de cada individuo.

El desarrollo de las tres iniciaciones

El ritual es, en determinados aspectos, idéntico al primer nivel, al que se añaden tres grandes CKR y el hálito de la vida.

Las tres iniciaciones tocan más al individuo en el aspecto emocional. Físicamente, la fuerza se intensifica, pero este segundo nivel permite que el alumno purifique las zonas sombrías que todavía habitan en él. El Reiki adquiere la forma de una gran ducha espiritual, limpiando al mismo tiempo la mente y el subconsciente de todo lo que pueda estar bloqueado en él.

Por esto, recomiendo esperar un tiempo entre el primer y el segundo nivel. Cuánto depende, en realidad, del contenido alojado en el subconsciente. Si este se ha moldeado a partir de las adversidades de la vida, la persona en cuestión puede reducir el tiempo entre el primer y el segundo nivel.

No fijo ninguna regla, aunque recomiendo un período de espera entre tres y veinticuatro meses. Nunca tomo la decisión por nadie. Siempre explico a mis pacientes que, si nunca se han sometido a un tratamiento de purificación, tienen que esperar determinados cambios en sus vidas a partir del segundo nivel.

El primer nivel de Reiki permanece constante, no altera nada, incluso permite que la persona que lo recibió se olvide de él mientras el fruto madura desde el interior. Lo que no se haya hecho antes de la iniciación, se hará después.

> **Hay que saber que el Reiki nunca aporta nada negativo**
> **a la vida de una persona; todo lo contrario,**
> **le da la posibilidad de ser más ella misma y esto, a veces,**
> **choca a los que la rodean.**

El trabajo que no se haya hecho al nivel de la transformación del ser interior se hará en el segundo nivel. La transformación no es exterior, porque el mundo en el que vivimos es el reflejo de nuestro mundo interior.

Para el Reiki, la espiritualidad no es cambiar una religión por otra, sino ser más libre en pensamiento y emoción. Abrirse a la energía es abrirse a la vida, igual que una flor se abre al sol.

En el segundo nivel, la persona es más responsable de sí misma. Aprende a reconocer sus verdaderas emociones, la verdadera alegría y empieza a decidir cómo quiere vivir con los demás, lejos de la obligación de participar en un marco sociocultural donde sólo el primero es coronado Rey.

La energía, nuestra amiga invisible, nos enseña que lo que somos tiene valor y el mayor regalo del Reiki es valorizar nuestra auténtica identidad única.

Tratamiento terapéutico en los demás

Ayudar a los demás ayudándose uno mismo es un bendición. Hace dos mil años, alguien dijo: «amaros los unos a los otros y yo estaré en todos». Es la expresión más sencilla que puedo formular para esta terapia: querer al otro por imposición de las manos.

Cuando tocamos a alguien mediante Reiki, la fuerza cuida ese alma, se siente querida, reconocida y agradablemente sostenida en su foro interno.

El que da Reiki siente que cuándo más penetra la energía en las vísceras del otro, mejor se siente, siempre en comunión con la otra persona porque sabe que la energía que da no le pertenece. La relación entre un paciente y el terapeuta es como una alianza entre el cielo y la Tierra, uno da lo que recibe, y recibe lo que da.

A pesar que el fuego secreto del Reiki es un agente oculto, se metamorfosea en miles de sensaciones distintas dependiendo de la persona que atraviesa y de la calidad de recepción del que lo recibe. Si el practicante de Reiki está cansado después de una sesión, no quiere decir que el paciente le haya quitado toda su energía, porque no le pertenece. Sólo significa que la fuerza ha atravesado y alimentado tanto al paciente como al terapeuta. En pocas palabras, quiere decir que el practicante tendrá que descansar un poco antes de continuar porque, indirectamente, se está produciendo un trabajo en su interior.

Las distintas sensaciones que pueden manifestarse durante el trabajo:

- Una sensación de mucho calor en las manos, a menudo significa un exceso de actividad en la zona que están tocando.

- La sensación de frío corresponde a la presencia de una falta de energía o de atención de la persona en el órgano o la zona en cuestión.

- La sensación de picor indica la presencia de una perturbación orgánica o un malestar relacionados con la zona tratada.

- La impresión de tener una barra de hierro en el cuerpo presupone que la persona está profundamente bloqueada en la zona que se está tratando. Esto suele estar relacionado con emociones inhibidas durante la infancia y la adolescencia.

- La sensación de pesadez, como si las manos y los antebrazos pesaran más, denota la presencia de un gran estrés emocional.

- La sensación de manos sucias (con ganas de lavárselas) refleja la presencia de graves problemas somáticos (se debería acudir a un médico).

- La impresión de rugosidad proviene de la desecación emocional, y resulta visible en la cara y en las manos.

- La sensación de humedad o blandura indica hipersensibilidad, relacionada con desórdenes neurológicos, como una depresión profunda.

- La firmeza da la impresión que la mente controla el cuerpo; la rigidez de la nuca, de las muñecas y el abdomen pueden confirmar este sentimiento.

- La ligereza suele aparecen en los bebés de corta edad y, en estos casos, hay que realizar un trabajo intenso.

- La sensación de brisa ligera y refrescante indica la presencia de una gran alma o de una gran armonía entre el cuerpo y el espíritu.

- La sensación de pureza también suele aparecer en los niños y, al tratarlos, habría que preguntarse quién trata a quién.

¿Cómo tratar a una persona con Reiki?

La única regla que preconizo es respetar el sentido de circulación de las energías de arriba hacia abajo o, simplemente, de la cabeza a los pies. Esto permite conectar con la luz del Reiki.

Recomendaciones

- Colocar las manos encima del corazón antes de empezar el tratamiento Reiki, ya sea sobre uno mismo o sobre los demás. Para circular armoniosamente, el Reiki necesita de nuestra presencia de espíritu y del flujo de nuestras emociones para ser sólo uno con su energía.

- Empezar siempre por la cabeza, los ojos, las orejas, la nuca, estirar el cuello; después continuar por los hombros, el corazón, el pecho, el plexo solar y el vientre. Después, antes de empezar con las caderas, volver a subir y hacer los brazos, los codos, los antebrazos y las manos. A continuación, empezar por las caderas, los muslos, las rodillas, las pantorrillas y los pies. No siempre es necesario hacer la espalda ya que un buen practicante suele hacer llegar la energía Reiki desde la parte delantera.

- Terminar con la polaridad: hombro izquierdo con pie derecho y a la inversa, las manos sobre el corazón y dar las gracias.

- Limpiar las energías, si es necesario.

- Lavarse las manos o soplar con el Reiki para purificarlas, aunque siempre hay que lavárselas antes de atender a otro paciente.

- Quedarse en silencio, escuchando las manos y sus sensaciones, pero dejad, si la persona tratada siente la necesidad, que hable porque también es un acto terapéutico.

- Y, sobre todo, permaneced totalmente abierto al otro; evitad cualquier tipo de prejuicio o de idea preconcebida.

Para ver las posiciones de base, consúltense los anexos de este capítulo.

> Recuerda que, en términos energéticos, nadie tiene razón porque nadie puede dominar la fuerza del Reiki. Pretender lo contrario sería ser pretencioso e incluso puede ser peligroso para el practicante.

Curación emocional

El segundo nivel es la llave del desbloqueo de las emociones. Las células del cuerpo tienen memorizados todos los traumas y todas las alegrías. Las células jamás olvidan lo que ha quedado grabado en la carne. Para ilustrar esto que digo, a continuación cito las Cuatro Nobles Verdades de Gautama Buda respectivas al sufrimiento:

- Todo es sufrimiento.

- Las causas del sufrimiento.

- Las condiciones de la detención del sufrimiento.

- El camino que desemboca en la detención del sufrimiento (el despertar de la conciencia).

Hay que recalcar que esta verdad es obra de una transformación que no parte del hombre, sino del final de un camino sobre esta Tierra. Podría traducirse así: todo en esta vida física es una materia para transformar, y esto significa un esfuerzo constante para mutar nuestro cuerpo de plomo (de carne) en un cuerpo glorioso, de oro radiante.

Por lo tanto, el sufrimiento es un escalón, un pórtico, y no algo que haya que destruir, sino algo que hay que entender y encontrar el camino para convertirlo en luz, paz y amor; es decir, establecer un estado del alma propicio a la salud global: cuerpo físico, emocional y mental.

El segundo nivel de Reiki permite, precisamente, y con todo el tiempo necesario, esta metamorfosis. Sin embargo, como la mayor parte de la gente va con prisas y lo quiere todo y sin tomarse tiempo para digerir las cosas, es inevitable que haya consecuencias.

El segundo nivel de Reiki purifica el organismo y las emociones, y los metamorfosea en una lluvia de amor, paz, luz y alegría de vivir.

Eliminación de las emociones parásitas

La práctica cotidiana de Reiki, hecha con reconocimiento, transforma todo aquello perjudicial para la salud en una nueva energía y así se refuerza el proceso de autocuración que todos llevamos dentro.

Esta transformación suele necesitar que nos cuestionemos la higiene de vida que llevamos: los hábitos alimentarios, la manera de trabajar, cómo nos comunicamos con nuestro yo y con el mundo exterior. Sin esta transformación no hay curación posible, es lo que hay que dejar atrás para acceder a una vida mejor y en armonía con nuestra alma, o nuestro Yo más profundo.

No se puede subir una escalera sin moverse del mismo escalón. Primero hay que dejar un escalón atrás para poder acceder al siguiente. Para empezar a caminar hay que levantar un pie y aquí está el axioma de este paso:

«Ayúdate y el cielo te ayudará»

El primer paso es el que más cuesta, el siguiente es más fácil; es el juego de la creación, donde todo cambia y todo se transforma. Basta con observar la naturaleza para convencerse de ello. Después de la tempestad, siempre vuelve a salir el sol, igual que la primavera siempre renace después del invierno. El final del invierno supone la eliminación de las emociones parásitas para volver a nacer cada mañana, un poco más libres, un poco más conscientes de nuestro papel en esta Tierra.

Limpieza de los centro energéticos

1 Chakra raíz

- Baño de asiento frío.
- Masaje del chakra (perineo).
- Esfínteres (meditación solar) 2-3 minutos.
- Segundo nivel de Reiki y activación del CKR.
- Caminar por la naturaleza con la conciencia en la planta de los pies.
- Piedra roja.
- Ritual de anclaje.

2 Chakra sagrado

- Masaje del pubis (+ Reiki CKR).
- Respiración alterna.
- Lavado intestino grueso.
- Lavado del intestino (con agua salada).
- Reiki de la cintura.
- Armonización.
- Piedra naranja (cornalina o piedra del sol).
- Color naranja.
- Liberación de las emociones.

3 Chakra solar (Puerta de los hombres)

- Gritos de liberación.
- Masaje del ombligo.
- Respiración central.
- Lavado de estómago (vómitos con prudencia).
- Reiki.
- Armonización.
- Piedra amarilla (citrina).
- Color amarillo.

4 Chakra cardíaco (Centro del alma y del espíritu)

- Respiración pulmonar (completa).
- Suave masaje sobre la zona del corazón (centro), en la espalda, y símbolo CKR en los hombros.
- Oxigenación en montaña-prado-mar (oxigenación).
- Liberación de las ataduras.
- Jaspe sanguíneo, cuarzo rosa y aventurina.
- Color verde.

5 Chakra laríngeo (Puerta de los dioses)

- Respiración (faringe) tiroidea.
- Ejercicios físicos (cuello, nuca, brazos, espalda, manos).
- Masaje de la nuca y los hombros.
- Lengua en el paladar.
- Piedra aguamarina, turquesa y cornalina azul.
- Color azul claro.

6 Chakra frontal (Ojo de Horus)

- Respiración alterna.
- Ejercicio de limpieza de la nariz.
- Masaje de la nariz (autotratamiento).
- Masaje del contorno de los ojos y las orejas.
- Ejercicios físicos con los ojos.
- Ejercicio de los ojos (iluminación y fijación de un punto).
- Piedra sodalita o lapislázuli.
- Color azul.

7 Chakra corona (Apertura hacia el cielo [Regreso])

- Respiración solar.
- Ejercicio físico (postura sobre la cabeza, aunque con precaución).
- Masaje del cuero cabelludo.
- Meditación.
- Piedra amatista.
- Color violeta.

Ayudas a los cuidados del Reiki

Los cristales, las plantas y los elixires florales espagíricos no sustituyen a los medicamentos ni la visita al médico.

Chequeo de salud energética

Buscar y encontrar la mejor terapia individual para un paciente es una de las bases que permite que una persona adquiera más responsabilidad sobre ella misma. Después de la tercera o cuarta sesión de Reiki, propongo un chequeo de salud energética para medir la constitución de base de la persona. Analizo las causas que producen las perturbaciones de los centros energéticos (chakras), de los meridianos y de las funciones vitales. Los tratamientos se basan en la medicina energética, en la que el Reiki aparece en primer plano.

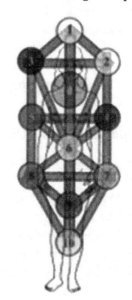

Recomiendo una nueva higiene alimenticia, una simple modificación de las condiciones de vida en relación constante con la naturaleza y sus elementos, todo basado en lo que yo llamo la medicina energética de los cuatro elementos.

Esta terapia sintetiza una parte de la medicina hermética de Paracelso, una parte de la medicina ayurvédica, una parte de la china y otra de la budaica (Tibet).

Plantas medicinales

Como el Reiki, las plantas son la farmacia del buen Dios. Los preparados del reino de los simples pueden alentarnos a responsabilizarnos de nuestra salud.

La doctrina de las signaturas, tan defendida por Paracelso, sostiene que la apariencia exterior de las plantas indica los órganos, las enfermedades y los fluidos que pueden curar. Es la famosa teoría de los semejantes.

Por ejemplo, el color amarillo de la celidonia, se asociaba con la ictericia, las hojas de la pulmonaria se parecen a los pulmones, y las hojas redondas de la alquemilla al cuello del útero...

Infusión

Verter agua hirviendo sobre las plantas, tapar el tiempo indicado y filtrar.

Decocción

Hervir el agua y las plantas juntas el tiempo indicado y filtrar.

Catorce plantas para ayudar a la curación

✿ Espino blanco

Acción: problemas cardiovasculares y del sueño.
Tres tazas al día; 2 cucharadas de café en 6 dl de agua. Infundir 5 minutos.

✿ Gayuba

Acción: problemas en las vías urinarias
Cuatro cucharadas de café de plantas secas en un litro de agua (decocción). A beber en 24 horas.

✿ Manzanilla

Acción: problemas con la digestión, dolores de cabeza y migrañas.
Entre 5 y 10 capullos en flor por taza. Infundir durante 10 minutos. Tomársela antes de la cena.

✿ Acebo

Acción: antirreumático, febrífugo.
Una cucharada de café de plantas secas por taza. Infundir durante 5 minutos y beber entre dos y tres tazas al día.

✿ Malva

Acción: catarros crónicos y hemorroides.
Echar un puñado en un litro de agua. Infundir 5 minutos.

✿ Melisa

Acción: vértigos, nervios y emotividad.
Una cuchara de café por taza. Infundir 5 minutos. Tres tazas al día.

✿ Menta

Acción: muy buen antiséptico intestinal y tónico general.
Una cucharada por taza. Dejar infundir entre 3 y 5 minutos. Hasta tres tazas al día.

Nota: dependiendo de las personas, puede causar insomnio.

✿ Llantén

Acción: purifica la sangre, los pulmones y el estómago.
Una cucharada de café por taza. Infundir 5 minutos. Dos o tres tazas al día.

✿ Cola de caballo

Acción: remineralizante y antidegenerador.
Una cucharada de café por taza. Decocer 10 minutos. Entre tres y cinco tazas al día.

✿ Reina de los Prados

Acción: retención de líquidos, ácido úrico, cloruro y litiasis.
Una cucharada de café por taza. Infundir 10 minutos. Entre tres y cuatro tazas al día.
Atención: no hervir.

✿ Romero

Acción: amigo del hígado. Utilizar en caso de hepatismos, litiasis biliares, cirrosis, ictericia por hepatitis. Estimulante general, bueno para la hipertensión, muy apreciado para el agotamiento y la fatiga.
Una cucharada de café por taza. Infundir 5 minutos. Beber dos o tres tazas al día, antes o después de la cena.

✿ Tomillo

Acción: gran estimulante físico y psíquico, lo mismo que de la circulación capilar. Antiséptico intestinal, pulmonar y genitourinario.
Es uno de los mejores remedios para las afecciones derivadas del resfriado: gripe, catarro nasal, cansancio, escalofríos y anginas.
Estimulante de la leucocitosis en caso de enfermedades infecciosas. Gran vermicida, expectorante, muy apreciado en afecciones pulmonares: asma, tos ferina, bronquitis y enfisemas.

Ayuda a combatir las anemias infantiles, es un tónico nervioso y puede sustituir al café en el desayuno.
Dos cucharadas de café por medio litro de agua. Infundir 5 minutos. Beber entre tres y cuatro tazas.

✿ Tila

Acción: muy buena para el insomnio, los estados febriles, los espasmos, fluidificante sanguíneo, sedante (calmante y tranquilizante).
Echar un pequeño puñado en medio litro de agua. Infundir 10 minutos. Beber entre dos y cuatro tazas al día.

✿ Poleo

Sinónimo de hierba para todos los males, es una planta sagrada.
Acción: antiespasmódico, antineurálgico, dolores gástricos, digestivos y migrañas.
Una cucharada de café por taza. Infundir 5 minutos. Beber entre dos y tres tazas al día.

Las plantas son muy recomendables para ayudarnos a purificar los canales energéticos y facilitar, de forma agradable, las transformaciones necesarias para el restablecimiento de la salud.

Elixires florales espagíricos

El alquimista es la persona que reúne la materia y el espíritu. La espagiria representa el arte y la ciencia de separar lo puro de lo impuro, purificarlos por separado y, sobre todo, reunirlos en una nueva entidad.

El auténtico alquimista es el que puede convertir en volátil lo sólido, y en sólido lo volátil, siempre respetando el proceso natural.

Utiliza una materia prima que nos concierne por nuestra aplicación precisa: las plantas. Para hacerlo, ha aprendido a observar la naturaleza y, en el laboratorio, la imita a través de sus cuatro elementos.

Cada cuerpo o sustancia se puede dividir en tres partes:

1. Azufre

Es el alma de la planta, la parte aceitosa que contiene el color y el olor. Está relacionado con los elementos fuego y aire.

2. Mercurio

Es el espíritu, lo sutil, lo más volátil, lo más fino; es la parte acuosa del elixir. Es el lazo de unión entre el alma y el cuerpo (sal), que le da trascendencia.

3. Sal

Es el cuerpo, la materia densa, lo que se hunde hasta el fondo de vaso; fija las energías invisibles al encarnarlas, es la cristalización de la luz. Este último principio une a los dos más sutiles: azufre + mercurio.

Para realizar el elixir, el alquimista sigue siete etapas, como debe ser en todo proceso creativo en este mundo.

Las siete etapas

1 **La preparación:** entrar en contacto con el alma de la planta, cortar las hojas antes de mediodía y, después, hacer las proporciones.

2 **La disolución:** lo volátil (el aire y el fuego) está separado de la turba (la tierra) por la flema o el agua especial.

3 **La calcinación** (purificación con fuego): el fuego externo alimenta la turba y la tierra se hunde en cenizas negras.

4 **El lavado:** es un proceso fácil de entender, pero difícil de poner en práctica. El agua del cielo purifica los centros negros en los que el fuego secreto penetra.

5 **La reunión** (coagulación): es la parte fija, la tierra transparente conocida como Tierra de Luz se une a la fragancia y es el principio volátil (aire) que dará un nuevo cuerpo a la planta bautizada; un cuerpo de gloria es igual al nombre del elixir, por ejemplo el hipérico se convierte en Estrella Dorada. Es un momento mágico y sólo dura treinta segundos, una auténtica iluminación.

6 **La maduración:** el recién nacido crece y va ocupando su lugar.

7 **La abertura** (y, al séptimo día, Dios descansó): el misterio de la planta resucitada y ofrecida al mundo transforma al que prueba el elixir, porque recibe un masaje invisible de la planta.

Los diez primeros elixires espagíricos de Istaro

Explicaciones sobre las esencias florales espagíricas

Cada planta tiene en su interior una fuerza de vida, una energía curativa para apaciguar los problemas psicológicos emocionales y espirituales.

Las flores contienen su propia energía generadora en su reproducción. Basta con observar cómo funciona la naturaleza para darse cuenta de ello. Cada primavera, la planta renace más o menos en el mismo lugar, buscando cada vez una mejora con una mejor tierra para su futura creación.

A través de todo el ciclo anual, la energía de la planta se transforma, cambia de color y de textura en función de las estaciones, de las condiciones atmosféricas, del calor y el frío, del sol y los ciclos lunares, y las metamorfosis se notan en los perfumes que desprenden; es su manera de ponerse en contacto con su entorno.

El maestro de Reiki que se ha acercado a la naturaleza puede maravillarse de la riqueza que ésta le ofrece para su bien y el de la humanidad.

Aplicaciones de estas esencias:

- Eficacia remarcable.
- Uso interno y externo.
- Aplicable a todo el mundo.

Uso fácil:

- Escoger según la fecha de nacimiento y reducir el número de uno a diez.

- Calcular el número de gotas con el péndulo.

- Entre tres y siete gotas según la intuición de cada uno, de una a tres veces al día, durante un período máximo de veintiún días. Después, descansar una semana y volver a empezar otro ciclo de veintiún días, aunque el tratamiento nunca debe superar los tres meses.

El Elixir de la Vida Longeva (1) - Melisa

La esfera superior, la transparencia, une lo que está dividido y corresponde al rey y a la reina coronada. La melisa es soberana y tiene las mismas virtudes que la jalea real.

Gobernada por Neptuno, las aguas superiores.

Acciones de la planta: une lo femenino y lo masculino, aleja la tristeza y la melancolía, ofrece una segunda juventud, despierta una nueva energía, apacigua los tormentos relacionados con la existencia, ayuda a soportar mejor las adversidades de la vida y purifica las emociones malsanas.

Propiedades físicas: anemia, apetito, estómago, obesidad, respiración entrecortada, indigestión, memoria, sueño y vértigo.

Emanación de Luz (2) - Tilo

Primer principio de emanación masculino. El tilo es un árbol sagrado. Hay que subir por el tronco para llegar a las hojas, es decir, que guarda su misterio bajo la luz amarilla y verde. Ayuda a desarrollar la sensación de manos iluminadas.

Gobernada por Urano, el aire y el fuego secreto de la iluminación.

Acciones de la planta: ayuda a dormir, agudiza la sensibilidad, apacigua el miedo al contacto con el otro, disuelve la desesperación y el miedo de adquirir responsabilidades en este mundo.

Propiedades físicas: angustia, cefalea, convulsiones, lumbago, nervios, palpitaciones, hipertensión, piel, reumatismo, arrugas, miedo, ojos y antojos (en la piel).

Guardiana del Paraíso (3) - Amapola

Esta esfera es la primera matriz del universo: Isis, la gran madre de la vida, la creadora de todo. Esta diosa del vestido rojo guarda su secreto en la corola negra y dorada: guarda la entrada al Paraíso.

Gobernada por Saturno, el agua y la tierra prometida.

Acciones de la planta: ofrece una pantalla protectora en lugares hostiles, ayuda a dejar atrás el pasado, a alimentar la vida interior, a volver a encontrar los ritmos de la naturaleza y limpia y calma los sufrimientos humanos.

Propiedades físicas: anginas, bronquitis, cólicos nerviosos, sueño, tos y arrugas.

Estrella Dorada (4) - Hipérico

La esfera de la grandeza del sol que da la expansión, el dinamismo y permite concretar trabajos sobrehumanos.

Gobernada por Júpiter, la providencia, el fuego de la iluminación.

Acciones de la planta: armoniza las emociones, procura una gran fuerza interior para hacer frente a la adversidad, abre los campos de conciencia hacia esferas más elevadas, cicatriza las heridas emocionales y físicas, y neutraliza los ataques psíquicos.

Propiedades físicas: inflamaciones musculares o articulares, quemaduras, tensiones nerviosas, antidepresivo, incontinencia nocturna (niños), menopausia y afecciones cutáneas.

Atención: si se aplica sobre la piel, evitar la exposición al sol.

Ninfa Verde (5) - Menta

La esfera del guerrero pacífico, que sólo lucha para definir sus propios límites o sobrepasarlos, para subir los escalones de la comprensión de la vida. Nos lleva a escuchar una nueva voz: la voz del corazón.

Gobernada por Marte, el fuego primario (Vulcano).

Acciones de la planta: reequilibra el sistema nervioso, purifica el sistema endocrino, ayuda a solucionar los conflictos, da valor y fuerza para atreverse a empezar una nueva vida, ayuda a vivir en la ciudad, permite ver más allá, respirar mejor y tomarse cada uno sus propios espacios interiores y exteriores.

Propiedades físicas: antiespasmódica, refrescante, digestiva, vasodilatadora, sudorífica, evacua las toxinas, alivia las migrañas y las alergias.

Sol de Amor (6) - Rosa

Es la esfera central del sol interior, el nacimiento del cuerpo de gloria, el amor invisible, la belleza, el encanto, la inteligencia, la grandeza, el equilibrio entre lo femenino y lo masculino.

Gobernada por el Sol, de arriba y de abajo.

Acciones de la planta: conduce a la comunicación, con su textura y perfume, suaviza la piel. Abre el corazón al fuego del amor, reconcilia los corazones rotos, ayuda a integrarse en la sociedad, da confianza en uno mismo y en la verdadera espiritualidad.

Propiedades de la planta: antidepresiva, estimulante, sedante, depuradora, antibacteriana, antivírica, antiséptica, reguladora menstrual, antinflamatoria, antiespasmódica.

Prometida del Sol (7) - Caléndula

La gloria de la belleza venusiana, el contenedor de la fecundidad, de la creación, del amor y de la superación.

Gobernada por Venus, el aire y la tierra.

Acciones de la planta: estimula los pensamientos positivos que encantan al alma y al corazón, hace llegar la luz del sol al corazón, crea el entusiasmo para amar la vida y la creación. Favorece la cicatrización, reduce la tensión arterial y ayuda a los hombres y a las mujeres a superar la barrera de los cincuenta.

Propiedades físicas: antiséptica, astringente, antinflamatoria, antifúngica, alivia sabañones, hemorroides y quemaduras del sol.

Olor de la Provenza (8) - Lavanda

La esfera de la inteligencia, la mensajera de los dioses, bajo el mandato de la magia y de la ciencia sagrada de la alquimia, es la llave que abre todas las puertas, incluida la del corazón y la materia más densa.

Gobernada por Mercurio, aire y tierra.

Acciones de la planta: devuelve al ser humano a su justo valor, lo purifica, lo hace humilde, ayuda a la revitalización de todo el ser y a preservar nuestra integridad personal en el seno de un grupo. Es, al mismo tiempo, macho y hembra, ayuda a luchar contra el vértigo y a cazar los vientos y el letargo.

Propiedades físicas: tónico nervioso, antiséptico de las vías respiratorias, antiespasmódico, diurético, alivia migrañas, gripes, dolores musculares, insomnio, estrés, hipertensión e irritabilidad.

Puerta de la Luz (9) - Olivo

Es la esfera de los fundamentos y los engendramientos. Refleja la energía solar en su matriz: el agua, y esta alimenta la tierra que lleva y recibe todo.

Gobernada por la Luna, el agua, matriz del mundo.

Acciones de la planta: recarga las energías, ayuda a evaluar qué es importante y qué no lo es, favorece la paz interior, relaja los conflictos con los demás, ayuda a renacer después de una adversidad difícil, es la victoria sobre la violencia, el árbol de la justa medida, la puerta que hay que cruzar para renacer a la luz superior.

Propiedades físicas: corazón, hipertensión, anginas de pecho, retenciones de líquido, sistema linfático, energía vital perturbada, dificultad de hacer frente a lo real y falta de voluntad.

Dama Naturaleza (10) - Serpol/tomillo

La décima esfera es una de las más poderosas porque contiene todas las demás. Su poder sólo tiene que ir hacia arriba y es la fuerza de la hiedra, el dragón, el tomillo.

Gobernada por el elemento Tierra y los otros tres que se han convertido en terrestres.

Acciones de la planta: ayuda a realizar la alquimia de la digestión, a cristalizar nuevas energías, nuevas fuerzas, rechaza todos los venenos hacia el exterior del ser, confiere castidad y ayuda a dominar la naturaleza instintiva del hombre.

Propiedades físicas: antifatiga, digestiva, aperitivo, astringente, antibiótica, tos, problemas digestivos, infecciones urinarias, aceleradora de la circulación local y gran tónico.

Ayudar a una persona es lo más bonito que un ser humano puede ofrecer a la creación porque, al hacerlo, lleva a cabo una parte de su papel en todos los procesos de relaciones con los demás.

El maestro de Reiki va hacia esa realidad, debe ayudar al prójimo en virtud de su propio camino a seguir y lo único que puede hacer por la persona que rechaza la curación por imposición de las manos es quererlo de otra manera, dándole la posibilidad de seguir otro camino, porque todos los caminos llevan al mismo sitio: el despertar de la conciencia.

Tratamiento sobre los demás

Una sesión de Reiki dura entre 45 y 90 minutos. El practicante permanece en una misma posición entre dos y cinco minutos, dependiendo de la naturaleza de la necesidad en ese momento.

Percepción	*Interpretación*
Sensación de calor agradable:	la energía circula de manera normal.
Sensación desagradable:	la energía se estanca en ese punto. Insiste más tiempo o activa una serie de Cho Ku Rei.
Sensación de frío cristalizado:	la energía está fija desde hace tiempo, necesitarás varias sesiones.
Sensación de frío absorbente:	la energía no circula (enfermedad crónica) o hay una gran protección inconsciente. Activa una serie de Sei He Ki sobre la cabeza.
Sensación de tibieza:	falta de atención del paciente en este punto. Actívalo con el Cho Ku Rei, tres veces.

Preparación antes de la aplicación de un tratamiento

Antes de cada tratamiento, hay que concentrarse para convertirse en un canal para la fuerza interior.

Cruza las manos sobre el pecho e invoca a la fuerza universal para que actúe sobre ti y sobre la persona a quien vas a tratar.

Invocación:

«Le pido a la fuerza universal de vida que me dé la oportunidad de ser un canal a su servicio para el bien de… (nombre de la persona tratada).»

Imposición sobre la cabeza

Posición 1

Manos sobre la cabeza

Estimula: apertura a la fuerza universal (receptividad), la asimilación.
Problemas: sistema nervioso central, sistema endocrino, migrañas, problemas psíquicos (SHK).

Posición 2

Manos (palmas) sobre la frente y la punta de los dedos sobre las mejillas

Estimula: la liberación de las ideas obsesivas, la visión interna.
Problemas: desequilibrio de la polaridad (yin y yang), ojos, reuma, sinusitis, dolor de cabeza.

Posición 3

Manos sobre las orejas, la punta de los dedos en lo alto de la nuca

Estimula: las glándulas linfáticas.
Problemas: zumbido de las orejas, sordera, equilibrio, relajamiento muscular.

Posición 4

Las dos manos debajo de la cabeza, los dedos tocando el occipucio

Estimula: la voluntad, la relajación de la espalda.
Problemas: vista, dolores de cabeza y nuca, mala digestión, estado de *shock* emocional.

Posición 5

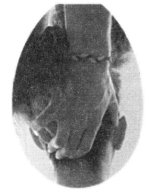

Estira suavemente la cabeza hacia atrás para liberar tensiones en la nuca

Problemas: tensiones, estrés, preocupaciones.

Posición 6

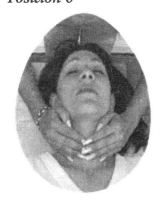

Las dos manos en la base del cuello, los dedos se tocan

Estimula: las relaciones (comunicación), libera las emociones (expresión de uno mismo).
Problemas: tos nerviosa, tiroides (sobrepeso), anginas y gripe, frustración y bloqueo.

Posición 7

Las manos sobre la base de los hombros, los dedos se tocan

Estimula: la expresión de la personalidad.
Problemas: timidez, plegarse ante uno mismo.

Posición 8

Las manos sobre los hombros

Estimula: el recalentamiento de pies y manos.
Problemas: manos y brazos fríos, rigidez muscular, peso de la vida (estrés).

Posición 9

La mano izquierda en medio del pecho, entre los senos, y la derecha en la base del cuello

Estimula: la actividad cardíaca, una paz profunda.
Problemas: cardiovasculares, pulmones, angina de pecho, bronquitis crónica, inmunitarios, linfáticos, sobrecarga, depresión nerviosa.

Posición 10

Las dos manos sobre el pecho (los senos). Esta posición permite armonizar las funciones femeninas y masculinas en el ser

Estimula: la circulación sanguínea, la percepción del amor incondicional.
Problemas: pulmones, lactancia, opresión (angustia).

Posición 11

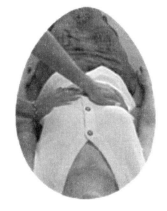

Una mano sobre el bazo y la otra sobre el hígado

Estimula: el bazo, el hígado y la inmunidad, el colon transversal.
Problemas: infecciones gripales, infecciones virales, anemia, leucemia, metabolismo.

Posición 12

Manos sobre los intestinos

Estimula: las capacidades intelectuales, los pensamientos auténticos.
Problemas: dolores de estómago, flatulencias, digestiones difíciles, depresión profunda.

Posición 13

Una mano sobre cada ovario

Estimula: los órganos del bajo vientre, el aparato reproductor.
Problemas: ovarios, próstata, menopausia, útero, sexualidad (frigidez).

Posición 14

Una mano en el pubis y la otra, justo encima

Estimula: el arraigamiento a la tierra, la termorregulación del cuerpo.
Problemas: vejiga, emociones reprimidas, sexualidad (bloqueo).

Posición 15

Manos sobre muslos y caderas

Estimula: la actividad física, las ganas de moverse, dar un giro a la vida.
Problemas: articulaciones, cólera.

Posición 16

Una mano sobre cada rodilla

Estimula: dejar el pasado atrás.
Problemas: articulaciones, flexibilidad, artrosis y reumatismos.

Posición 17

Una mano en cada pantorrilla

Estimula: la fuerza física.
Problemas: calambres nocturnos, circulación sanguínea, anemia.

Posición 18

Una mano sobre cada tobillo

Estimula: la independencia y la autonomía.
Problemas: esguinces, desequilibrios, rechazo a crecer.

Posición 19

Una mano en la planta de cada pie

Estimula: la acción justa y la humildad.
Problemas: anclaje, pies fríos, demasiado abstraído.

Posición 20

Una mano en cada brazo

Estimula: la aceptación de la propia vida.
Problemas: retención de la cólera, inexpresividad en el amor, rechazo.

Posición 21

Una mano en cada brazo

Estimula: la confianza en uno mismo.
Problemas: inseguridad, cerrarse ante los demás.

Posición 22

Una mano en cada codo

Estimula: la apertura a los demás, a lo imprevisto y a situaciones nuevas.
Problemas: inflexibilidad, falta de alegría.

Posición 23

Una mano en cada muñeca o mano

Estimula: la comunicación y la manera de dar y de recibir.
Problemas: miedo a equivocarse, miedo a cambiar.

Posiciones traseras (básicamente yang y activo)

Posición 24

Las dos manos sobre la nuca

Estimula: la responsabilización de uno mismo, la creación de su propia vida y su propia salud.
Problemas: no pasa a la acción, impresión de ser inútil.

Posición 26

Una mano en cada omoplato

Estimula: dejar atrás el pasado y tener confianza en la vida.
Problemas: tristeza y pena estar doblegado a uno mismo, rechazo ante la comunicación.

Posición 27

Una mano en cada lado de las costillas

Estimula: la respiración y la circulación sanguínea.
Problemas: fatiga crónica, imposibilidad de enfrentarse a la vida, demasiadas cargas, problemas existenciales, dependencias (tabaquismo, alcohol).

Posición 28

Una mano sobre cada riñón

Estimula: la fuerza física y el ánimo.
Problemas: evacuación, metabolismo, riñones, catarros crónicos, miedos, letargos.

Posición 29

Una mano en cada nalga

Estimula: la autonomía y la libertad de ser.
Problemas: crisis de ciática, sistema nervioso, dificultad en dejar atrás el pasado, bloqueos sexuales.

Posición 30

Una mano en cada muslo

Estimula: el cambio de orientación y el cambio en general.
Problemas: ciática, piernas pesadas, timidez.

Posición 31

Una mano en cada pliegue de la rodilla

Estimula: la agilidad de espíritu y la simplicidad.
Problemas: dificultad de calmarse, menisco, rigidez de la mente, rechazo a ceder.

Posición 32

Una mano en cada gemelo

Estimula: la circulación periférica y la toma de conciencia.
Problemas: calambres nocturnos, ideas fijas, pensamientos malsanos.

Posición 33

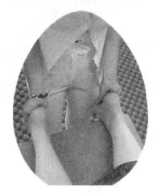

Una mano en cada planta del pie

Estimula: arraigamiento a la tierra, eliminación de la confusión mental y provocación de la acción justa.
Problemas: pies fríos, rechazo a avanzar, represión de ideas o de sentimientos.

La persona se da la vuelta para la polarización

Posición 34

Polarización 1
Equilibra la parte alta y baja del cuerpo.

Posición 35

Polarización 2

Equilibra lo femenino y lo masculino.

Posición 36

Polarización 3

Armoniza la expresión y las emociones en el cuerpo.

Posición 37

Cierre de la energía

Fin de la sesión y agradecimiento a la fuerza universal de vida.

REIKI AVANZADO
La relación de ayuda

La verdadera relación de ayuda consiste en socorrer al otro, caminar delante de él para irle abriendo camino pero saberse retirar para que pueda caminar solo y aprender a confiar en la vida.

Esta relación está basada en el amor. El que da no pretende infantilizar al otro, lo ayuda a levantarse una y otra vez hasta el día en que emprende su camino. La vida no es un largo río en calma, sino una aventura iniciática en el más puro sentido de la palabra.

Cada paso que damos exige un sacrificio. Cada esfuerzo superado conlleva una victoria sobre el oscurantismo. Igual que cada día ofrece un nuevo amanecer, cada paso ofrece una nueva esperanza, una promesa. Hay que dar gracias a cada crepúsculo por el fin de un viaje, hasta el día del último viaje en esta tierra donde el Sol no sale nunca en el exterior, sino en el interior.

En terminología Reiki, en la relación de ayuda siempre intervienen, como mínimo, tres factores:

- El paciente (el que sufre).
- El terapeuta (el que prodiga un tratamiento).
- El agente (la fuerza universal de la vida o hálito cósmico).

Esta trilogía permite que el método de curación natural del Reiki se manifieste sin interferencias.

A continuación, muestro un esquema de la relación de ayuda en los procesos curativos del Reiki.

El agente universal es la energía de vida, habita en todas las cosas, es el fuego secreto de los alquimistas, la búsqueda del Santo Grial de los místicos; su reserva es infinita y representa Kether, la esfera de la corona para los cabalistas.

El paciente es el abono, la matriz que recibe la fuerza universal a través de un terapeuta de Reiki. El nivel de aceptación determina el grado de curación. Encontrar la energía necesaria permite asumir la vida, la curación y la transformación de todo el ser.

El curador es el practicante de Reiki. Funciona como un canal al servicio de la fuerza universal. No puede aumentarla o disminuirla porque no le pertenece a él, sino a la vida.

Por lo tanto, el terapeuta (el curador) funciona como una parada entre el cielo y la tierra. Es decir, entre las energías superio-

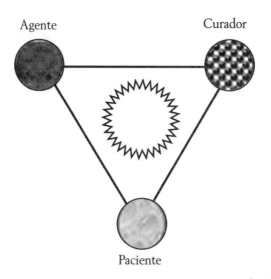

res y las inferiores. Por energías inferiores entendemos las que vienen de un plano más pesado y visible. Y por energías superiores entendemos las que vienen de un plano más sutil e invisible.

Esta energía revitaliza el cuerpo energético del paciente, le permite tomar fuerzas y, sobre todo, recuperar confianza en la vida.

> **Si trabajas el cuerpo de manera armoniosa y continua, descubrirás el espíritu. El cuerpo y el espíritu se reunirán en el alma y, de esta trinidad, nacerá la unidad (la verdadera curación).**

Tierra de dioses, tierra de hombres

Sin pausa, regresas de lo alto, paso a paso, para embriagarte con el néctar de abajo.
Alentado por tu destino eterno, pasas de lo infinito a lo finito.
El mundo material te acoge en la noche.
El primer día que despiertas y empiezas a ver,
todavía te queda largo tiempo en la oscuridad,
después de haber dejado a tu ser sin límites, libre e inmortal,
te colgaste las cadenas de los mortales.

Convertido en un prisionero ávido de libertad,
mírate buscando la maestría, la realización, la unidad.
La debilidad de la que te has enamorado, a la que estás sumiso,
hace resonar en ti, con mucha fuerza, tu espíritu infinito.

Este contraste, nacido de contrarios,
¿conseguirá que rompas las cadenas y las abandones?
Porque la muerte terrestre te recuerda la sentencia que vendrá,
un asunto ineluctable que pronto asaltará tu futuro,

Fuera de la cual no buscarás la perfección.
Sin la muerte y su sombra que acechan tus acciones,
no te despertarás hacia el ideal ilimitado de tu futura expresión.
La búsqueda de la gran vida se convierte en tu eterna pasión.

Reiki avanzado **125**

El miedo y las experiencias de la vida te torturan
para que el ser puro que hay en ti adquiera forma.
De todas partes, tu memoria define las combinaciones,
corrigiendo los excesos y reduciendo el número de torbellinos.

Y el resultado será algo único, que no es el mal ni el bien:
la esencia de tu ser; tú y lo divino formando uno,
los múltiples nudos de las divisiones se desharán,
y tú brillarás divino en el gran Todo, al unísono.
La metamorfosis

Pedagogía

El terapeuta

El terapeuta, dependiendo de cómo aborde al paciente, puede actuar como reforzador del problema de salud que el paciente ha venido a consultarle o puede dejarse arrastrar por la enfermedad.

También puede convertirse en el mejor «medicamento» del paciente, aunque todo depende de la evolución y la actitud personal.

Existen cinco formas de expresión en las relaciones entre un paciente y su terapeuta:

1. El dominador manipulador
2. El dominador especialista

3. El dominador pasivo.
4. El carismático.
5. El terapeuta maestro de Reiki.

1. *El dominador manipulador*

En esta forma de relación, no se respeta la integridad física de la persona. El enfoque se despersonaliza y, a menudo, conlleva la pérdida de confianza en uno mismo y en los recursos de autocuración. Conduce a la dependencia.

Esta infantilización del paciente (yo lo sé todo y tú no sabes nada) hace que se sienta incomprendido, rechazado, y tendrá que emplear toda su energía en «sobrevivir» a la agresión. En este tipo de relación, se percibe a la persona como un objeto, una máquina sumisa al poder del practicante que éste refuerza mediante:

- La amenaza.
- La manipulación.
- La coacción.

2. *El dominador especialista*

Esta relación inhibe el proceso de la vida mediante el bloqueo de las funciones de curación natural. El practicante ordena y el paciente debe seguir esas prescripciones al pie de la letra y, sobre todo, sin hacer preguntas. La táctica del practicante es la de un especialista o técnico. Utiliza, sin ningún miramiento, las siguientes técnicas:

- La culpabilización.
- La reprobación.
- El control.

3. *El dominador pasivo*

En este tipo de relación, el practicante no está implicado con el paciente. No le suele prestar atención. Sin embargo, pone a su disposición sus conocimientos técnicos y profesionales, aunque no pretende establecer ningún vínculo. Esta actitud «terapéutica» se utiliza cuando el terapeuta no está en condiciones de entrar en contacto con sus propias emociones. Y, de este modo, mantiene una especie de neutralidad desinteresada hacia el paciente. Esta actitud se acerca a la no intervención personal, pero es falsa porque el terapeuta teme sumergirse en sus propias emociones.

4. El carismático

En este cuarto tipo de relación, el terapeuta está implicado e interesado en el paciente. Sinceramente pretende descubrir al paciente en su estado real. Lo anima y lo apoya. El terapeuta es competente, está implicado e interesado por la persona. Considera cada caso único, distinto a todos los demás. Este enfoque terapéutico genera confianza, favorece la conversación, hace que se manifieste una especie de transmisión global de energía vital y que se construya algo entre ellos que hace que el paciente diga: «con este terapeuta me encuentro a la perfección».

5. El terapeuta maestro de Reiki

En este caso, el terapeuta únicamente pone su poder de curación al servicio de la persona que ha acudido a él. Este tipo de relación permite mejorar y recuperar la vida. La persona puede abrirse, porque se siente querida y comprendida. La relación ofrece generosidad, compasión, respeto, restablece la dignidad y supone, sobre todo, un intercambio de persona a persona.

En los dos últimos tipos de relación, es posible mantener a la persona dentro de:

- Sus elecciones.
- La expresión de sus emociones.
- El acompañamiento de los duelos.
- El mantenimiento de sus esperanzas.
- La búsqueda de un bienestar verdadero.

La relación terapéutica

El primer contacto con un paciente siempre es primordial, porque genera toda la serie de vínculos que se van a crear con él.

El establecimiento de una relación terapéutica siempre implica, al principio, un proceso de dependencia:

El cliente confía los problemas a los que no encuentra solución por sí mismo, y le transmite el poder al terapeuta.

La primera acción es devolverle el poder al paciente y establecer un contrato terapéutico.

El contrato de relación

Un contrato es una convención por la cual una o varias personas se obligan, la una frente a la otra, a dar, hacer o no hacer algo.

Por lo tanto, hay que especificar, lo que el cliente espera y lo que el terapeuta puede ofrecer. De este intercambio surgen los siguientes aspectos:

La demanda del cliente

- Alivio del dolor.
- Ayuda en la curación.
- Búsqueda de diálogo.
- Realización de un milagro.

La oferta del terapeuta

Que se define según sus competencias y que después, con toda honestidad, elige el proceso curativo que considera adecuado para el paciente.

Este contrato se establece cuando paciente y terapeuta llegan a un acuerdo sobre el proceso previsto y tiene en cuenta todo lo que se ha expresado durante el intercambio de pareceres.

La entrevista

A partir de un cuestionario se hace un chequeo o una anamnesis.

Para asegurarse que el paciente lo ha entendido todo, el terapeuta puede recurrir a determinadas técnicas de diálogo como la reformulación (la expresión de lo que se acaba de decir pero con otras palabras y preguntarle si lo ha entendido) o el *feedback* (el paciente reformula lo que el terapeuta ha dicho).

Clarificación de objetivos

Después de la entrevista, falta definir los objetivos que el paciente pretende alcanzar.

Este momento suele ser una trampa para el terapeuta. Lo importante es que esta decisión la tome el paciente solo. En este momento, únicamente él tiene el poder. Si no lo utiliza, el terapeuta debe hacerle tomar conciencia y, después, negociar con él un modo de funcionamiento aceptable para las dos partes.

Si los objetivos encajan con las pretensiones de ambas partes, se revaluarán y revisarán en cada encuentro, dependiendo de las necesidades del paciente y las observaciones del terapeuta.

Este proceso mantiene la relación terapéutica en un registro relacional de adulto a adulto. Evita cualquier tipo de dependencia. Se establecen y se explican claramente los límites de cada uno, paciente y terapeuta se encuentran de igual a igual y se reparten el poder.

Proceso de la enfermedad y la curación

Si entras en contacto con el proceso de tu cuerpo, con la célula madre que ha fabricado todo tu cuerpo, todos tus órganos, conseguirás encontrar los recursos necesarios y los medicamentos adaptados a tu reconstrucción. (Ley fundamental de la curación.)

Antes de entender la ley fundamental de la curación, sería preferible conocer las causas que han provocado el malestar en uno, es decir, una enfermedad.

Una enfermedad no es fruto del azar. Las señales que el cuerpo transmite no son enfermedades, sino informaciones que necesitan una concienciación para entender que hay una disfunción de las energías vitales.

Síntomas más habituales de una disfunción

- Dolor de cabeza.
- Cansancio.
- Insomnio.
- Dolores oftálmicos.
- Dolor de garganta o de nuca.
- Problemas respiratorios o dolor de espalda.
- Problemas de corazón.
- Problemas de evacuación y de metabolismo.
- Problemas óseos y locomotores, etc.

Todos estos síntomas representan señales que el cuerpo emite para que hagamos algo para recuperar el equilibrio interior. Las perturbaciones no son enfermedades, sino los gritos del organismo para que tomemos conciencia de ellas.

Desgraciadamente, hemos malinterpretado estas señales; las habíamos relacionado con un factor externo o interno (bacteriano o viral) mientras que el cuerpo quería expresar algo a través de los problemas patológicos. En la era de la informática, creemos que podemos disponer de un cuerpo como de un mecanismo que debe funcionar a la perfección.

La causa de todo malestar (enfermedad) siempre proviene de un exceso o una falta de energía Yin y Yang. En la vida no hay nada estable, todo está en movimiento y se transforma constantemente en busca del equilibrio eterno (la Salud).

Cada ser humano viene al mundo con una constitución determinada. Ésta le permite vivir mejor en su entorno y está, al mismo tiempo, sujeta a la herencia de los padres y a las atmósferas en las que todos nos hemos criado.

Las tres grandes constituciones de base

Existen tres constituciones de base:

La mercúrica (aire + agua)   = Sideral
La sulfúrica (fuego + aire)   = Solar
La salina (agua + tierra)   = Lunar

Cada una de estas constituciones depende, como mínimo, de dos elementos. Varios de ellos se combinan para formar las constituciones llamadas secundarias, en relación a las primarias (sideral, solar y lunar).

El modelo sideral

La persona que tiene una constitución sideral es más bien delgada, le gusta lo aéreo, muy intelectual, suele tener la cabeza en las nubes y muy poco anclaje. Es una persona muy soñadora, aunque muy activa, sin descanso. Tiene buena memoria de los acontecimientos recientes y no tan buena con lo relacionado con el pasado.

De elocución rápida, fe inconstante, sueña con miedos, robos, saltos y carreras.

Tiene los ojos pequeños, apagados y secos, y suelen ser marrones o negros. Los dientes prominentes, grandes y con tendencia a la horizontalidad. Las encías son delgadas. Tiene el pelo seco y ondulado. La piel seca, rugosa, fría, oscura o negra.

Esta persona tiene un apetito irregular, más bien débil, y sus sabores preferidos son el dulce, el ácido y el salado.

De temperamento miedoso y nervioso, suele ser imprevisible y muy activa físicamente.

Como tiene la cabeza en las nubes, no tiene una gran fortuna ya que se gasta el dinero en tonterías muy deprisa.

El modelo solar

Esta constitución se reconoce en la elocución vivaz y tajante. Corpulencia mediana. Pelo suave, graso, rubio o rojizo, con tendencia a canear. Los dientes son de tamaño mediano, amarillentos y con las encías delicadas. Tiene la piel dulce, tirando a grasa, cálida, rojiza o amarilla. Ojos muy penetrantes, perspicaces, generalmente verdes o grises.

El espíritu es muy activo, tendiendo a la agresividad, inteligente. De temperamento emocional irritable, es una persona celosa y poco realista. De memoria viva y de fe a menudo fanática. La actividad física es moderada, la sed excesiva y el buen apetito, a veces también excesivo. Los sabores preferidos son el dulce, el amargo y el astringente.

Se considera el ombligo del mundo, su fortuna varía entre la riqueza y la ruina y se siente atraída por las cosas lujosas y bonitas.

El modelo lunar

De corpulencia más bien pesada, a menudo acusa un exceso ponderal. Tiene la piel gruesa, pálida, blanca y grasa. Esta persona tiene el pelo ondulado, oscuro y graso. Los ojos grandes, atractivos, azules, con las cejas espesas. Los dientes blancos y sólidos.

Tiene el espíritu tranquilo, ponderado y lento. Su naturaleza emocional es tranquila, aunque ansiosa, se compromete con facilidad. De memoria lenta, se acuerda bastante bien del pasado. La elocución lenta puede parecer monótona. Tiene una fe firme y estable.

Su gran apetito es regular. Sus sabores preferidos son el picante, el amargo y el astringente.

La actividad física es, básicamente, nula. Con fortuna, económico, sus gastos se centran en la buena comida.

La mayor parte de las enfermedades tienen algún origen en las actitudes conscientes e inconscientes

Por ejemplo:

- La alimentación desnaturalizada (pensamientos incorrectos y mala higiene vital).

- El comportamiento (pensamientos derrotistas y culpables).

- La falta de oxigenación (desarraigo, entorno inadecuado, costumbres sedentarias).

- Las creencias (ideas preconcebidas, los prejuicios y los valores anticuados).

Cualquier disonancia entre el cuerpo, el alma y el espíritu provoca tensiones internas. Los «no dichos» relacionales, no escuchar, la no reconciliación, la no aceptación de los acontecimientos externos, así como la permanente indecisión paralizan las energías y las somatizan como si fueran producto de una reacción cutánea.

Si no se tienen en consideración estas señales, aumenta la presión interna, el sistema inmunológico se debilita y los síntomas físicos se agudizan, luego son crónicos, y, al final, son muy graves. El cuerpo nos pide un cambio y nos lo hace saber a través de varias señales de alarma:

- **Gran cansancio.**
- **Dolores.**
- **Problemas mentales (nervios, depresión, etc.).**
- **Irritabilidad.**
- **Indecisión, etc.**

En la mayoría de casos, nos preocupamos de curar las señales de alarma, los síntomas patológicos, en lugar de atacar directamente a la causa que ha provocado la somatización de una enfermedad. Tratar de curar un síntoma es muy útil siempre que, paralelamente, busquemos las causas reales de la enfermedad.

El poder de la mente (el espíritu) en la curación

La energía sigue al pensamiento...

Para que la energía circule, es necesario un movimiento, una polaridad (Yang, Yin y neutro). Este movimiento necesita una obligación, un límite que restrinja, que active y, al final, que desarrolle. El espíritu da forma al cuerpo a través del alma. El espíritu (mente) puede originar una disfunción o un desequilibrio al provocar una reacción en el cuerpo (enfermedad).

Un pensamiento discordante perturba la armonía interior (cuerpo-alma-espíritu). Provoca una reducción de los sistemas de defensa y abre las puertas a los parásitos internos o externos.

> Es imposible modificar el cuerpo físico sin modificar antes el espíritu a través del alma. Así pues, modificando el espíritu, transformamos nuestra alma y nuestro cuerpo.

El pensamiento sano (creativo)

De nada sirve repetir que todo va bien cuando el subconsciente rechaza tal afirmación. Es necesario hacer que el alma intervenga en los sentimientos, las alegrías y las emociones para que el pensamiento llegue al alma y provoque una modificación a nuestro favor.

El espíritu se deja sugestionar por la repetición. El alma necesita la fe, la confianza, para activarse. No obedece a la mente. Exige autenticidad, honestidad y que el verdadero sentido de las cosas no esté relacionado con los efectos de un karma, sino con la realidad presente de lo que somos, sin máscaras.

No experimentamos el destino (dharma), lo construimos a cada momento con acciones, pensamientos, palabras y sentimientos presentes. Sin embargo, el destino nos da directrices para crear en nosotros el despertar de la conciencia espiritual (un proceso de reflexión enfocado a modificar nuestra forma de vida).

Los pensamientos felices (partículas subatómicas divinas) tienen el poder de desencadenar, en el átomo, vibraciones muy sutiles que se cristalizan en las moléculas y se convierten en «evidencias» reales en la vida cotidiana. Los pensamientos tristes actúan del mismo modo. Es frecuente que, a largo plazo, provoquen graves perturbaciones energéticas y se somaticen bajo la forma de un ataque patológico de algún órgano o alguna función. Esta somatización corresponde a un sentimiento expresado de la siguiente forma:

- **Esto se me pone en el estómago.**
- **Nunca lo tragaré.**
- **Todavía no lo he digerido.**
- **Me parte el corazón.**
- **Pierdo la cabeza por eso, etc.**

Los pensamientos, cuánto más provengan de la alegría y el entusiasmo, más cosas agradables en el subconsciente producirá el arraigo, y más cerca estaremos de la curación total. Es importante actuar con perseverancia para salir del atolladero en el que estamos.

Si, al principio, la actitud sana acentúa el problema, no durará para siempre y siempre orientará al ser hacia una progresiva mejora de la salud.

Curar significa ocuparse de uno mismo, aceptando la ayuda necesaria para reestablecer el equilibrio interno y reforzar el sistema de defensas naturales del cuerpo. Al restablecer la armonía de las energías del cuerpo, provocamos la activación de los procesos de autocuración mediante nuestro médico interior y celeste.

La tenacidad y la resistencia son las armas más poderosas para restablecer el equilibrio precario de una enfermedad grave.

No hay gran obra que no se acabe sin fracasos, faltas o adversidades. Estas experiencias son necesarias para evolucionar; nos permiten entender la naturaleza de la vida en la Tierra y nos evitan que, en el futuro, volvamos a tropezar con la misma piedra.

¿De dónde viene la curación?

Únicamente, de nuestro interior. Cada ser humano tiene en sus manos la responsabilidad de su destino y la posibilidad de orientarlo hacia la propia realización.

Parámetros a retener en una consulta

- Clima en el que se va a desarrollar la terapia.
- Creencias en el poder del tratamiento prescrito, el efecto placebo aumenta las propiedades.
- Terapéutica de un medicamento o de una terapia.
- Carisma del terapeuta.
- Respeto a la integridad del paciente.

¿Cómo llegan estos mensajes al enfermo?

- Por telepatía.
- Por las actitudes no verbales (brillo áurico).
- Por el brillo del carisma del terapeuta o de los utensilios terapéuticos.
- Por la receptividad del enfermo.

¿Qué hay que hacer para cambiar?

- Modificar las creencias.
- Liberar las emociones de forma natural.
- Transformar los pensamientos malsanos en pensamientos felices. Las palabras tienen que respirar alegría y honestidad.
- Las acciones tienen que generar nuevas energías regeneradoras.

La mejor manera de reconstruir la salud mediante el Reiki es liberar al niño que todos llevamos dentro. Obviamente, me refiero al niño que se maravilla ante la riqueza de la vida y de las múltiples facetas de la luz y no del infantilismo de los adultos que se niegan a crecer mentalmente.

Liberar al niño interior

Existen varios métodos para conseguir liberar al niño que todos llevamos dentro:

- **Respirar con el vientre.**
- **Cantar con el vientre.**
- **Reír con el vientre.**
- **Jugar con los espíritus de la naturaleza.**
- **Bailar con el vientre.**

Respirar con el vientre

Las tensiones se acumulan en la pelvis y bloquean la circulación del Chi hacia la parte superior e inferior del cuerpo. La respiración consciente permite liberar una buena parte del estrés residual. Es conveniente aprender a respirar con el vientre en todas las situaciones de la vida como, por ejemplo, en:

- La práctica del Reiki.
- El masaje.
- Otras actividades profesionales.
- El ocio (paseos, bicicleta, jogging, etc.).
- La intimidad.

La mejor respiración es la de un niño. Respira de manera natural. Para descubrir nuestro propio ritmo, tenemos que imitarles.

> **Tiempo o ciclo respiratorio:**
> Inspiración: 3 tiempos; expiración: 6 tiempos.
> Duración: 15 minutos (de manera disciplinaria).

«Paz a tus nervios mediante una buena respiración.»

Cantar con el vientre

Cantar en la naturaleza parece lo mejor.

Utiliza tu nombre o cualquier otro sonido (mantra), a tu conveniencia.

Ejemplos:

- AUM.
- YHVH (Yod Hé Vaw Hé).
- Aleph.
- Beith.
- Yod.
- Otros.

Técnica:

1. Concéntrate en el abdomen.
2. Emite tu mantra en la frecuencia más baja posible para relajarte y la más aguda para dinamizarte.
3. Modula este sonido en función de tu intuición o instinto.
4. Empieza a cantar una melodía conocida o instintiva.
5. Aumenta al máximo la fuerza de tu voz sin ahogarte y concéntrate en la parte baja del vientre.

6. Continua durante 10-15 minutos.
7. Siente la sensación liberadora que se produce a continuación.

Reír con el vientre

La risa es liberadora, nos permite relativizar el sufrimiento, tomar distancia respecto a una situación difícil. La risa es una forma de llorar y es mucho más eficaz a la hora de la liberación de las emociones.

Soporte:

- Películas.
- Bromas.
- Recuerdos.

Técnica:

1. Plantea el problema.
2. Mira el lado divertido de la situación, o fabrícalo.
3. Oblígate a reír.
4. Concéntrate en el vientre.
5. Aumenta la capacidad respiratoria mientras te ríes.

Jugar con los espíritus de la naturaleza

Los espíritus de los cuatro elementos (gnomos, andinos, silfos y salamandras) se encuentran en la naturaleza. Encuentra un lugar agradable, misterioso, apartado, salvaje donde puedas estar solo durante más de tres horas.

Los espíritus siempre están presentes. Lo que importa es invertir el tiempo necesario para entrar en contacto con ellos.

Soportes:

- Árboles.
- Flores.
- Bosque.

- Arroyos.
- Peñascos.

Lugares:

- Maleza.
- Prado.
- Bosques.
- Campo.
- Estanque.
- Cascadas.
- Grutas.
- Montañas.
- Calveros.

Períodos:

- Primavera u otoño.
- Al alba.
- Puesta de sol.
- Antes del mediodía.
- Al anochecer.
- Luna llena o luna nueva.
- Eclipse solar.
- Solsticio o equinoccio.
- Intuición.

Técnica:

1. Camina tranquilamente.
2. Respira con el vientre.
3. Escucha atentamente.
4. No te gires.
5. Habla con los cuatro elementos, con los árboles, las flores, las hojas, las piedras, las ramas, los animales, los arroyos, el sol, el agua, el viento y la tierra. No rechaces nada. Observa largamente una flor o cualquier otro elemento.
6. Baila y canta con el viento y los pájaros.
7. Deja que el viento, el sol y la lluvia te acaricien.

Bailar con el vientre

Mueve el vientre en todas las direcciones, de izquierda a derecha y viceversa. Haz rotaciones y movimientos hacia delante y hacia atrás con una buena música tradicional española o suramericana, como la samba. Tu espontaneidad iniciará la circulación de la energía hasta las extremidades (brazos y piernas).

Lugares:

En la naturaleza, en la cima de una colina o en un calvero.
En una habitación.
En un punto determinado del dormitorio.

Períodos:

Por la mañana, al amanecer (con el rocío matinal).
Por la noche (sal de la Luna).

El niño interior debe exteriorizarse sin complejos; quedan excluidos los prejuicios y los pensamientos de infravaloración.

Los símbolos de curación orientales (sutras)

Existe un número considerable de símbolos. Aparecen en las antiguas escrituras, tanto en el Yi-King (hexagramas chinos) y en los Vedas, como en los Upanisads, de donde surgió la medicina más antigua, la Ayurveda. El budismo se aprovecha de esta abundancia de símbolos y los representa en forma de ideogramas y cánticos con mantras.

El objetivo del maestro de Reiki es revelar los conocimientos a través de una enseñanza teórica y práctica. Los símbolos son herramientas extraordinarias en las manos de seres iniciados a conocerlas y utilizarlas.

Algunos símbolos fuera del Reiki (sutras)

- Johre: apertura a la luz
- Lon Say: disolver la negatividad
- Len So My: abrirse al amor puro

Johre

Permite abrirse a la luz interior

Utiliza el Johre para salir de una situación confusa o para iluminarte las ideas. Puede aplicarse sobre una persona, un proyecto o para solucionar un conflicto.

Lon Say

Disuelve en uno mismo, y alrededor de uno mismo, toda la negatividad.

Len So My

Apertura al amor divino.
Para que estos símbolos puedan ser operacionales, es necesario hacerse iniciar por un maestro en la materia.

Las clavículas de Salomón

Primer símbolo sagrado

Este símbolo sirve para obtener la gracia, la paz y la salud, así como para protegerse contra aquellas personas que quieren hacernos daño y para hacer retroceder a los animales peligrosos.

Nombre del espíritu:

COST   Salmo 23

El ideograma:

El trazo es de derecha a izquierda, tres veces, repitiendo su nombre.

El canto de David frente al Señor

El Señor es mi pastor,
nada me falta;
en verdes pastos él me hace reposar
y a donde brota agua fresca me conduce.
Fortalece mi alma,
por el camino del bueno me dirige
por amor de su Nombre.
Aunque pase por oscuras quebradas,
no temo ningún mal,
porque tú estás conmigo,
tu bastón y tu vara me protegen.
Me sirves la mesa
frente a mis adversarios,
con aceite perfumas mi cabeza
y rellenas mi copa.
Me acompaña tu bondad y tu favor mientras
dura mi vida;
mi mansión será la casa del Señor
por largo, largo tiempo.

En momentos de desconcierto, leer el salmo 23 por la mañana, al mediodía y por la noche, antes de dormir.

Volumen: leer el salmo 23 en voz alta.

Segundo símbolo sagrado

Cuando sentimos la necesidad de arrepentirnos y de obtener de Dios lo que necesitamos. Se utiliza en caso de conflicto con los hijos o seres cercanos. Permite la reconciliación con los detractores.

Pronuncia tres veces, en voz alta, el nombre del espíritu mirando a tu interlocutor a la cara y dobla los dedos pulgar e índice para formar el arca de la alianza: firmarás la paz con quien sea.

Nombre del espíritu:

JELEM   Salmo 27

Salmo 27

El símbolo de la reconciliación y la fe de David.

El canto del salmo 27 de David

El Señor es mi luz y mi salvación;
¿a quién temeré?
El Señor es la fortaleza de mi vida;
¿de quién he de atemorizarme?
Cuando se juntaron contra mí los malignos
para comer mis carnes,
ellos mismos, mis adversarios y mis enemigos,
tropezaron y cayeron.
Aunque un ejército acampe contra mí,
no temerá mi corazón;
Y aunque contra mí se levante guerra,
yo estaré confiado.
Una cosa he demandado del Señor; ésta buscaré:
que esté yo en la casa del Señor,
todos los días de mi vida;

Para contemplar la hermosura del Señor,
y despertarme cada día en su templo;
Porque él me esconderá en su tabernáculo
en el día del mal;
me ocultará en lo reservado de su morada,
y sobre una roca me pondrá en alto.
Aún ahora él levanta mi cabeza
sobre mis enemigos en derredor de mí.
Por tanto ofreceré en su morada
sacrificios de júbilo;
cantaré y tañeré al Señor.
Escucha, oh Señor, mi voz cuando a ti clamo;
ten misericordia de mí y respóndeme.
Tú hablas en mi corazón y dices: «Busca mi rostro.»
Tu rostro buscaré, oh Señor.
No escondas tu rostro de mí;
no apartes con ira a tu siervo.
Mi ayuda has sido; no me deseches;
no me desampares, oh Dios de mi salvación.
Aunque mi padre y mi madre me desamparen,
aun con todo el Señor me recogerá.
Enséñame, oh Señor, tu camino;
guíame por senda llana a causa de mis enemigos.
No me entregues al rencor de mis adversarios,
porque se han levantado contra mí testigos falsos;
y también los que respiran maldad.
Hubiera yo desmayado si no creyese
que he de ver la bondad del Señor
en la tierra de los vivientes.
Aguarda al Señor;
esfuérzate, y aliéntese tu corazón;
sí, aguarda al Señor.

Tercer símbolo sagrado

La persona que se dirija al Santo, Bendito sea debe hacerlo
con sencillez, sinceridad y devoción, y se verá maravillosamente

consolada de todas las aflicciones. Este símbolo también sirve para aquellas mujeres que no pueden concebir un hijo, ayuda al proceso natural de concepción.

Debes trazarlo en un trozo de tela de lino blanco y llevarlo alrededor de cuello para beneficiar la protección divina.

Nombre del espíritu:

JECHER   Salmo 91

Salmo 91 de David (Rey Salomón)

Tú que habitas al amparo del Altísimo,
a la sombra del Todopoderoso.
Dile al Señor: mi amparo, mi refugio en ti,
mi Dios, yo pongo mi confianza.
Él te libra del lazo del cazador que busca destruirte;
te cubre con sus alas
y será su plumaje tu refugio.
No temerás los miedos de la noche
ni la flecha disparada de día,
ni la peste que avanza en las tinieblas
ni la plaga que azota a pleno sol.
Aunque caigan mil hombres a tu lado
y diez mil a tu diestra,
tú permaneces fuera de peligro;
su lealtad te escuda y te protege.
Basta que tengas tus ojos abiertos

y verás el castigo del impío tú que dices:
«Mi amparo es el Señor»
y que haces del Altísimo tu asilo.
No podrá la desgracia dominarte
ni la plaga acercarse a tu morada:
pues ha dado a sus ángeles
la orden de protegerte en todos tus caminos.
En sus manos te habrán de sostener
para que no tropiece tu pie en alguna piedra;
andarás sobre víboras y leones
y pisarás cachorros y dragones.
Pues a mí se acogió, lo libraré,
lo protegeré, pues mi nombre conoció.
Me llamará, yo le responderé
y estaré con él en la desgracia.
Lo salvaré y lo enalteceré.
Lo saciaré de días numerosos
y haré que pueda ver mi salvación.

Cuarto símbolo sagrado

Este ideograma sagrado es muy importante. Atrae la protección sobre los niños y sus acciones. Los niños deben aprenderlo de memoria desde muy jóvenes y formularlo a menudo.

Da vitalidad y entusiasmo. Debes formularlo y trazarlo tres veces al día mirando hacia el sur o hacia el este.

Para aumentar la eficacia, traza o dibuja el ideograma en la parte interior de un cinturón junto con el nombre del espíritu.

Nombre del espíritu:

COAL   Salmo 111

Perfección de las obras de Dios

*Alabaré a Dios con todo el corazón
en la compañía y congregación de los rectos.
Grandes son las obras de Jehová,
buscadas de todos los que las quieren.
Gloria y hermosura es su obra,
y su justicia permanece para siempre.
Ha hecho memorables sus maravillas;
clemente y misericordioso es Dios.
Ha dado alimento a los que lo temen;
para siempre se acordará de su pacto.
El poder de sus obras manifestó a su pueblo
dándole la heredad de las naciones.
Las obras de sus manos son verdad y juicio;
fieles son todos sus mandamientos,
afirmados eternamente y para siempre,
hechos en verdad y rectitud.
Redención ha enviado a su pueblo;
para siempre ha ordenado su pacto.
¡Santo y temible es su nombre!
El principio de la sabiduría es el temor de Dios;
buen entendimiento tienen todos los que practican
sus mandamientos;
¡su loor permanece para siempre!*

Quinto símbolo secreto

Lo utilizamos para curar a los enfermos honrando a Dios y esperando la salud a través de su intervención. Lo utilizamos en los casos más extremos.

También se emplea para personas que han perdido a un ser querido.

El ideograma debe dibujarse en un trozo de tela blanca de algodón o de lino, junto con el nombre del espíritu. A continuación, se recomienda al enfermo que lo lleve encima y lea el salmo 146, por la mañana y por la noche, mientras pronuncia el nombre de la inteligencia y visualiza el ideograma.

Nombre del espíritu:

JARCHI   Salmo 146

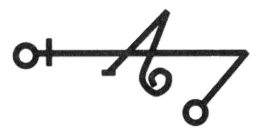

Salmo 146

Alaba, oh alma mía, a Dios.
Alabaré a Dios en mi vida;
Cantaré salmos a mi Dios mientras viva.

No confiéis en los príncipes,
Ni en hijo de hombre, porque no hay en él salvación.
Pues sale su aliento, y vuelve a la tierra;
En ese mismo día perecen sus pensamientos.

Bienaventurado aquel cuyo ayudador es el Dios de Jacob,
Cuya esperanza está en su Dios,
El cual hizo los cielos y la Tierra,
El mar, y todo lo que en ellos hay;
Que guarda verdad para siempre,
Que hace justicia a los agraviados,
Que da pan a los hambrientos.

Dios liberta a los cautivos;
Dios abre los ojos a los ciegos;
Dios levanta a los caídos;
Dios ama a los justos.
Dios guarda a los extranjeros;
Al huérfano y a la viuda sostiene,
Y el camino de los impíos trastorna.

Reinará Dios para siempre;
Tu Dios, oh Humanidad, de generación en generación.
Aleluya.

Invocación a los ángeles de luz

La felicidad y la salud son un mismo estado del espíritu, una misma actitud interior que sólo podemos vivir aquí y ahora.

No dependen de lo que nos rodea, de acontecimientos externos o de un karma, incluso en los casos más extremos.

El ser humano forma parte de este vasto universo. Aunque lo haya olvidado, su verdadera naturaleza es ser un co-creador. Tiene la responsabilidad de su vida entre las manos. Si tiene el valor de modificar su destino, goza del poder de cambiarlo todo. Y para poder llevarlo a cabo, debe dialogar con sus amigas las estrellas o con los ángeles de luz, como lo hizo el Sin Nombre con los Elohim para la creación del universo.

No des órdenes, no seas tímido, armonízate con los mundos sutiles que nos rodean y habitan. Los guías de luz nos ayudan a vivir mejor el instante presente. En el mundo invisible no hay pasado ni futuro.

Método para recibir ayuda del ángel de presencia

1. Centrado.
2. Dejar atrás el pasado.
3. Reconocimiento.
4. Comunicación.
5. Agradecimiento.

1. Centrado (las dos manos cruzadas sobre el corazón)

Levanta las manos al cielo, concéntrate en tu espíritu, en tu corazón, y quédate alineado con tu cuerpo. Toma conciencia del firmamento que hay encima de ti y siente cómo la energía fluye por tus manos. Invade toda tu mente y se apodera de tus pensamientos. Deja que tu corazón se ofrezca a esta radiación divina. Hazla penetrar hasta el interior de tu cuerpo para que se arraigue al suelo a través de la planta de los pies.

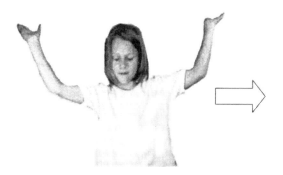 

Mantra:
«Que la luz me inunde por todas partes
para recibir la paz y el mensaje de mi enviado divino.»

2. Dejar atrás el pasado

Olvida todos tus límites, tus miedos y tus emociones parásitas.

Cuando la paz reine en tu corazón y en tu espíritu, olvídate del pasado. Deposita toda tu confianza en el lazo más Alto que habita en ti en este momento. Después, deja que la luz te envuelva mientras pronuncias el siguiente mantra en voz alta.

Mantra:

«En este instante, soy libre, estoy totalmente abierto
a todas las percepciones de mi Ángel de Luz.»

3. Reconocimiento

Si la gracia tarda en contactar contigo, alaba a la luz. Pídele que te eleve hasta el más alto de los cielos para reunirte con tu Ángel o tu Cuerpo de Gloria.

Porque el que alabo ya está en mí, soy yo, el profundo Divino.

Oración a recitar en voz alta:

«¡Oh! Invisible arcángel, príncipe de belleza y luz inmaculadas,
ayúdame en el mismo instante en que te hablo a encontrar
las palabras, los pensamientos, las imágenes y los símbolos
que me permitan encontrarte. Eleva mi pensamiento,
ilumina mi cuerpo con tu dulce presencia, enséñame
a reconocerte por donde quiera que vaya, guía mis pasos
y mis emociones hacia mi auténtica morada para que pueda
descubrir el camino de mi vida: gracias, dulce bienhechor.»

4. Comunicación

La comunión con nuestro ángel de presencia es un instante privilegiado. Su gracia nos inunda y hace que cada célula de nuestro cuerpo vibre de emoción. En este momento, tenemos que pedirle que nos informe sobre las causas de una enfermedad o una disfunción (para nosotros o para otra persona).

Es conveniente ser precisos, tanto en imágenes y palabras, como en la onda de curación de la persona en cuestión.

Mantra:

«Mi mano izquierda recibe tu gracia, tu luz,
tu paz y tu conocimiento universal. Guía mis pensamientos,
mis emociones, mis manos y mis pasos hacia el amor.
Mi mano derecha ofrece la curación a través
del poder de tu amor.»

5. Agradecimiento

El agradecimiento es un acto de amor indispensable para recibir la fuerza y hacerla circular por el universo. La persona que aprende a dar las gracias, recibe el amor del Altísimo y de toda su jerarquía celeste y terrenal.

Mantra:

**«Desde el fondo del corazón, te doy las gracias,
Luz del mundo y del universo por haberme ayudado.»**

El hecho de establecer comunicación con nuestro mundo invisible es algo completamente natural. Hoy en día, cualquier persona puede invocar esa energía. No es un privilegio de un grupo de elegidos, como pretenden algunos.

Todos podemos hacerlo. Para darse cuenta, basta con observar a los niños. A lo largo de nuestra vida, todos hemos tenido algún contacto con una entidad de luz, con un amigo invisible. A lo mejor ya no nos acordamos, pero sucedió, como una especie de iniciación espiritual.

Mientras volvemos a confiar en nosotros mismos, este maravilloso regalo que todos llevamos dentro se reactivará y nos ayudará en cualquier situación de nuestras vidas.

Sin embargo, debo decir que esto no nace del ego, no se hace para comprobar el funcionamiento, para asombrar a los demás o para jugar a ser profeta. Esta cualidad nace del contacto con la llama interior. La función de los ángeles es asistirnos, ayudarnos a evolucionar en este mundo, a tomar conciencia de quién somos. No obstante, no hará el trabajo por nosotros.

Somos seres hechos a imagen y semejanza del Creador y un ser de luz únicamente nos inspira con ese objetivo, no para brillar o sobresalir entre los demás.

Ángel de la guarda

Ilumina el corazón de cada uno, lo lleva hacia calmadas orillas, restaura el alma y le entrega mensajes de amor a través de sus cinco ventanas exteriores.

Su presencia está llena de luz, de sentimientos de ternura y paz auténticos, llena el corazón con una oleada de amor indescriptible.

Su función es mantener al alma en la línea de su destino; le susurra pensamientos de elevación, acude al cerebro para encontrar el mejor camino y revitaliza el cuerpo para que el destino del individuo en cuestión pueda cumplirse.

«Sí, soy el fruto de todos tus pensamientos, de todas tus experiencias y la semilla de tus destinos futuros; habito en el alma que eres y susurro a tus oídos la intención que el Dios Universal ha designado para ti.

»Camino constantemente en tus pasos, hago tus gestos, pienso tus pensamientos, siento tu corazón. Sin embargo, raras veces eres consciente de mi presencia en tus células, de las que soy el Divino Artesano.

»En mi presencia, buscas un apoyo para liberarte de tus dolores, tus penas y tus tormentos.

»Aunque a veces puedo concederte algunos deseos para calmarte, para tranquilizarte, con el objeto que tu conciencia mire hacia el interior y redescubra el hálito inicial.»

El ángel de la guarda es el guardián del umbral de la vida, un umbral que te conecta con una morada más elevada del alma, en el espíritu. Camina a tu lado para inspirarte, para animarte a seguir hacia delante, más y más, a pesar de los obstáculos con los que puedas encontrarte.

Te habla en voz baja en el hueco del oído interno, en el fondo de la órbita ocular, en la palma de las manos y la planta de los pies, en las raíces que te mantienen en un precario equilibrio en este mundo.

«Hago todas estas cosas por ti, para que crezcas, y no hacia el exterior, sino hacia el interior, por la dimensión ampliada de tu conciencia que, todavía en la actualidad, está demasiado acobardada.»

A menudo, invocas al ángel o a los ángeles de la guarda para solucionar una dificultad o para aliviar sufrimientos físicos o psíquicos, y ellos siempre interceden por ti en el corazón de tu alma, que está unido al Alma Universal.

Sin embargo, la petición más bonita para un ser encarnado de esta Tierra es el ofrecimiento, sin compromiso ni interés, por la sola razón de hacerlo, disfrutando de un estado de gracia, en un mundo mágico, el del planeta Tierra.

¿Que las oraciones elevan tu alma y tu espíritu hasta la octava superior a los siete chakras solares para que te lleven, momentáneamente, hacia las esferas celestes de tus moradas futuras y pasadas? Cuando, a través de una oración de elevación, te liberes de la pesadez de los cuerpos materiales, entrarás en contacto con el espíritu del lugar, en el punto donde esté tu corazón y tu espíritu del momento.

Debes saber que el diálogo con el ángel de la guarda no es el resultado de una búsqueda espiritual en particular, sino la facultad de ser verdadero, íntegro y humilde para recibir, ante cada petición, una oleada de amor y de consuelo que facilite la aventura humana.

Cada amigo de la Tierra no es más ni menos que tú en sabiduría o amor, porque la que te permite identificarte, al mismo tiempo, con la bóveda celeste y un grano de arena es tu conciencia, porque es la misma energía y el mismo amor que lo llena todo.

Que sepas, amigo de la Tierra que, en este planeta y en este momento, existen dioses llegados de todos los rincones del universo y sus poderes son inmensos; sin embargo, en el plano de la existencia, en cuanto a nuestro planeta, no son mayores que el alma de un hierbajo.

En esta Tierra, la experiencia consiste en cohabitar, volver a unir lo que, aparentemente, no puede unirse, por el mayor bien de la evolución de las almas hacia sus auténticas moradas.

A continuación, te presento cómo puedes elevar tu alma hasta mí (YO), que soy tu ángel de la guarda:

A. Refúgiate en un lugar tranquilo donde el paisaje pueda inspirarte para elevarte.

B. Relájate, no intentes controlar tu ego, abandónate al ritmo regular y misterioso de tu hálito interno: el Verbo.

C. Luego, coloca una mano encima del corazón, en el centro del pecho, y la otra en la frente y deja que el «Verbo» te llene por el canto de la palabra inspirada por el corazón de tu ser.

Estoy tranquilo.
Soy consciente de mi ritmo respiratorio.
Siento la energía en la planta de los pies
y en la palma de las manos.

Todo el cuerpo se relaja.
Todas las células se llenan de la Gracia Divina.
Todo el espíritu se abre
y se eleva hacia el corazón de las galaxias.

En este instante, dejo que mi ángel de la guarda me atraviese y aprendo a hablar con él de la manera más natural posible.

Una profunda calma inunda mi ser, siento que me elevo pero el espíritu permanece sereno; el ego no se avanza y no me explica historias de poder.

En este momento, mi espíritu está libre de sombras, de pensamientos; el corazón relajado, sin emoción humana; mi cuerpo reposa sin tensión y yo estoy listo para recibir la Gracia y las enseñanzas espirituales de mi ángel de la guarda que me une a mi auténtica morada sin perder mi conexión con la Tierra, mi Madre actual.

Mensaje escrito por canalización (el amigo invisible Costara).

EL ENCUENTRO VERDADERO
Acceso a la Maestría de Reiki

El encuentro verdadero

Seminario indispensable para cualquier persona que desee acceder a la Maestría de Reiki, que se imparte en la École de Vie Nouvelle de Istaro.

El encuentro verdadero no está directamente relacionado con el Reiki, sino que más bien es una magnífica herramienta para que la persona se autoevalúe y vea si se siente preparada para seguir la Maestría de Reiki.

Es una excelente experiencia, porque nos enseña cómo nos ven los demás bajo nuestra forma verdadera.

Formación de la personalidad

El análisis transaccional

El nacimiento es un cambio muy brusco en la vida de todo ser humano. Al separarlo brutalmente del cuerpo de la madre, el niño se ve, de repente, en un entorno nuevo. Hasta ese instante, la sangre materna le proporcionaba el oxigeno necesario. Ahora, tiene que respirar él solo. Y el recién nacido expresa el cambio gritando. Inmediatamente después del primer grito, la madre manifiesta su amor acariciando y calentando al niño. El pequeño se tranquiliza y siente la estrecha relación que los une a través del cálido contacto de los cuerpos y las caricias de la madre.

En psicología, diferenciamos, al margen de las caricias en el sentido más estricto de la palabra, variables más abstractas, como los cumplidos, la aprobación, los gestos o las miradas.

Las caricias que un niño recibe mientras está creciendo varían según la cultura, las costumbres y el entorno. Dependiendo del caso, la relación con el niño puede expresarse con verdaderas caricias o de manera más distante y abstracta. Durante esta fase, el carácter humano es altamente influenciable.

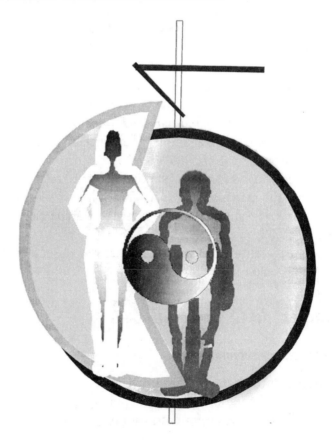

La imagen del mundo

Cuando observamos el mundo que nos rodea, creemos honestamente que somos objetivos. Tenemos la inquebrantable certeza de que conocemos la realidad.

Si hacemos un esfuerzo de introspección, enseguida nos preguntamos: «¿Quién soy?», algo que a menudo nos deja perplejos a la mayoría.

La imagen del mundo es una proyección de las actitudes y los comportamientos adquiridos desde la infancia.

En el análisis transaccional, este proceso se explica por la estructuración de los estados del Yo.

Esquema del análisis transaccional

El **Yo Padre** contiene todos los datos adquiridos desde el nacimiento hasta la edad de 12 años. Es el núcleo de la autoridad y de las tradiciones familiares, sociales y culturales. Es la garantía de los valores humanos, los principios y las creencias, incluyendo las religiosas. En el análisis transaccional, cuando una persona critica, protege o domina a otra, decimos que el Yo Padre lleva las riendas de la personalidad.

El intelecto (el **Yo Adulto**) empieza a tomar forma a partir del décimo mes de vida, al mismo tiempo que aparecen las primeras señales de autonomía (desplazamientos, movimiento, etc.). Es el núcleo del pensamiento, de la reflexión e incluye la lógica, el discernimiento, la voluntad y el espíritu de iniciativa.

El **Yo Niño** se forma a partir del decimoquinto día... desde la concepción. Es el núcleo de las sensaciones: emociones, sentimientos (miedos, alegrías, penas, sufrimien-

tos, dolores, amor, envidia, deseos, placer, vergüenza, angustias...).
Cuando una persona expresa una de estas emociones, decimos
que el Yo Niño predomina en su personalidad.

El Yo Padre

La base esencial del Yo Padre se forma desde el nacimiento hasta los doce años. Más adelante, puede desarrollarse y modificarse. La
mayor parte de los padres tan pronto son com-
pasivos y protectores como críticos, llenos de
prejuicios, moralizadores o represivos.

Contenido del Yo Padre

Todo lo que la persona haya copiado de los gestos, comportamientos, emociones y pensamientos de sus padres o de cualquier
otra figura autoritaria, tal como los han percibido o tal como los
haya podido modificar a partir de sus propias experiencias.

El sistema de valores transmitidos de este modo es tanto familiar y moral como social y cultural.

El contenido contradictorio en el interior del estado del Yo Padre también genera tensiones y confusiones. Barry Stevens explicó esta confusión cuando, desde su universo interior, escribió:

«Al principio, estaba mi Yo, y ese Yo estaba bien.

»Después llegó el otro Yo. La autoridad exterior. Fue algo inquietante. Y entonces el otro Yo se quedó muy perturbado, porque las autoridades exteriores eran tantas y tan distintas.

»Siéntate bien. Para sonarte, sal de la habitación. No hagas eso, es una tontería. Tira la cadena del lavabo por la noche porque, si no, luego cuesta más de limpiar. NO TIRES LA CADENA DEL LAVABO POR LA NOCHE, ¡despertarás a los que duermen! Sé amable con la gente. Aunque no te gusten, no tienes por qué hacerles daño. Sé franco y honesto. Si no les dices a las personas lo que piensas de ellas, eres un cobarde. Cuchillos para la mantequilla; es importante tener cuchillos para la mantequilla. ¿Cuchillos para la mantequilla?, ¡menuda bobada! Habla bien. ¡Malhablado! ¡Kipling es formidable! Kipling, ¡buah!

»Lo importante en la vida es tener un trabajo. Lo importante es casarse. Al diablo con todo el mundo. Sé amable con todo el mundo. Lo importante es el sexo. Lo importante es tener una cuenta bancaria. Lo importante es ir bien vestido. Lo importante es ser sofisticado, decir lo que no piensas y evitar que nadie sepa lo que sientes. Lo importante es ir un paso por delante de los demás. Lo importante es tener un abrigo de piel de foca negro, una buena vajilla y una cubertería de plata. Lo importante es ir limpio. Lo importante es siempre pagar las deudas. Lo importante es trabajar. Lo importante es ser independiente. Lo importante es hablar bien inglés. Lo importante es respetar a tu marido. Lo importante es estar seguro de que tus hijos se portan bien. Lo importante es ver las obras que hay que ver y leer los libros que hay que leer. Lo importante es hacer lo que dicen los demás. Y todo esto lo dicen los demás.»

Todos los niños necesitan algún «no» para protegerlos, para que sean más sociables y para garantizarles la atención que sus padres les prestan. Sin embargo, los hay que crecen machacados por los «no» interiores, que son dañinos e inútilmente severos. Los mensajes paternos demasiado restrictivos inhiben la manifestación de alegría, sensualidad o creatividad.

Un niño adaptado a una programación parental rígida puede adoptar la posición de «no debo pensar por mí mismo» y sucumbir a lo que Karen Horney denomina «la tiranía de los debería».

Debería ser perfectamente honesto, generoso, previsor, justo, digno, valiente, desinteresado. Debería ser el amante, marido y profesor perfecto. Debería ser capaz de soportar cualquier cosa, debería querer a todo el mundo, debería querer a sus padres, a su mujer, a su país. O bien, no debería comprometerse con cualquier persona o cosa, todo debería darle igual, no debería sentirse herido nunca y debería ser siempre sereno e imperturbable. Siempre debería apreciar la vida, o debería rechazar los placeres. Debería ser espontáneo, debería controlar sus emociones. Debería saberlo todo, entenderlo todo, y preverlo todo. Debería ser capaz de solucionar rápidamente sus problemas, o los de los demás. Debería saber superar cualquier dificultad desde el mismo momento en que se le presenta. Nunca debería estar enfermo o cansado. Siempre debería poder encontrar trabajo. Debería poder hacer en una hora algo que requiere dos o tres horas.

Bajo una influencia tan opresiva, un individuo agradablemente ocupado leyendo un libro puede recordar un mensaje paterno interiorizado, como: «El trabajo antes que el placer.» El niño interior del individuo desea, espontáneamente, divertirse, pero puede que desde la infancia lo hayan programado de modo que se sienta culpable ante cualquier placer. Y entonces, culpabilizado e incapaz de librarse de ese desagradable sentimiento, dejará el libro y se pondrá a limpiar la cocina o el garaje.

El Yo Padre es la suma de todo lo aprendido: el saber, el sentido del deber, los dogmas, las reglas, las coacciones, pero también la protección, el afecto, la ternura y el respeto hacia el otro.

Cuando respondes de manera mecánica, sin reflexionar, como si en alguna parte de tu cerebro hubiera una banda sonora y visual que dirige tus palabras y tus acciones, entonces actúas desde el Yo Padre.

Padre protector   Padre normativo

PP ————⟨   ⟩———— PN

- Ternura   • Reglas estrictas
- Disponibilidad   • Principios morales
- Protección   • Críticas negativas
- Ayuda   • Prohibiciones
- Consejo   • Castigos
- Respeto   • Represión

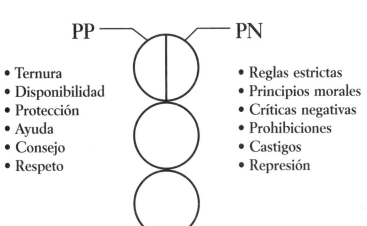

El Yo Niño

¿Qué soy?
¿Un niño que llora por la noche?
Un niño que llora para que enciendan la luz:
¡Y con este lloro como único lenguaje!

Cada niño nace en un entorno social, económico y afectivo particular, con características heredadas. Después, recibe una formación determinada por parte de las figuras parentales. Cada niño vive sucesos significativos, como una muerte en la familia, una enfermedad, dolor, accidentes, traslados geográficos o crisis económicas.

Todas estas influencias contribuyen a que la infancia de cada persona sea algo único. No existen dos niños, ni siquiera dos hermanos, con una infancia parecida.

Cada uno de nosotros llevamos en el cerebro y en las células (sistemas nervioso y endocrino) recordatorios permanentes de cómo hemos recibido nuestros propios impulsos de infancia, qué y cómo lo hemos vivido y cómo nos adaptamos a la situación. El estado del Yo Padre incorpora las personalidades de las autoridades con una gran carga afectiva; el universo del Yo Niño es el universo interior de lo que hemos sentido y vivido, y de las adaptaciones que efectuamos.

Una persona que se comporta como lo haría un niño (curiosa, afectuosa, egoísta, mala, celosa, llorica, manipuladora), actúa desde el estado de Yo Niño.

Contenido del Yo Niño

Afectividad: necesidades y emociones espontáneas o condicionadas

Necesita emociones y sensaciones que aparecen, de forma natural, en cada uno. El recuerdo de las emociones vividas en la primera infancia, en el vientre materno y cómo reaccionó a ellas. Según E. Berne, es la parte más arcaica de la personalidad, y también la más rica.

El estado del Yo Niño puede dividirse en tres partes:

El niño espontáneo: afectuoso, impulsivo, sensual, desprovisto de censor interno, curioso, natural, egoísta, egocéntrico, rebelde, agresivo.

El niño o el pequeño profesor: manipulador, intuitivo, creativo, manipulador.

El niño adaptado: sumiso (tímido, sin personalidad, indeciso, miedoso) y rebelde (contestatario, crítico, revolucionario, provocador).

El Yo Adulto

El Yo Adulto despierta hacia los diez meses de vida, cuando el niño empieza a dirigir sus acciones por él mismo, cuando empieza a actuar de forma consciente ante las influencias de su entorno:

- Aprende a desplazarse y a caminar.
- Entiende cuando alguien lo llama por su nombre.

El Yo Adulto examina los antecedentes del Yo Padre y el Yo Niño y valora si son buenos o malos para él en el momento presente. Es posible que los contenidos del Yo Padre se crearan hace años pero que ahora ya no sean válidos. Es posible que los padres se comporten de distinta manera que como lo hacían antes. Sin embargo, el Yo Padre siempre conserva en la memoria los antecedentes guardados.

Funciones del Yo Adulto:

- Fijar objetivos.
- Planificar.
- Analizar.
- Estudiar.
- Comparar.
- Informarse.
- Aprender.
- Entender.
- Valorar.
- Decidir.

Para la realización del comportamiento del Yo Adulto:

- Reunir información.
- Estar abierto y ser comprensivo.
- Aceptar las opiniones de los demás.
- Crear un estado de espíritu positivo.
- Reconocer los sentimientos del otro.
- Demostrar capacidad de discernimiento en una relación.
- Tener la voluntad de triunfar.
- Tener decisión para salir de un impás.

Parábola del águila

Érase una vez un hombre que, mientras daba un paseo por el bosque, descubrió un águila joven. Se la llevó a casa y la dejó en el corral, donde el animal pronto aprendió a alimentarse con el pienso de los pollos y a comportarse como ellos.

Un día, un naturalista que pasaba por allí le preguntó al propietario cómo era posible que un águila, un pájaro real, pudiera estar encerrada en el corral con los pollos.

—Como la he alimentado y educado como a un pollo, nunca aprendió a volar —respondió el propietario—. Se comporta como un pollo, así que ya no es un águila.

—Sin embargo —insistió el naturalista—, tiene corazón de águila y seguramente puede volar.

Después de una larga discusión, los dos hombres se miraron y se emplazaron a descubrir si aquello era cierto. El naturalista, con mucho cuidado, tomó al águila entre sus brazos y le dijo:

—Perteneces al cielo, no a la Tierra. Abre tus alas y echa a volar.

Sin embargo, el águila parecía desconcertada; dudaba sobre su auténtica naturaleza y, al ver comer a los pollos, dio un salto y se unió a ellos.

Al día siguiente, sin desanimarse, el naturalista subió al águila al tejado de la casa y le repitió:

—Eres un águila. Abre tus alas y vuela.

Pero el águila tenía miedo del mundo y, a la vez, de su propia identidad, desconocida para ella, y volvió a bajar a comer con los pollos.

Al tercer día, el naturalista se levantó temprano y se llevó al águila a lo alto de una montaña. Allí, se colocó al animal encima de la cabeza y le volvió a decir:

—Eres un águila. Perteneces tanto al cielo como a la Tierra. Ahora abre las alas y vuela.

El águila miró a su alrededor, al corral y al cielo. Empezó a temblar y, suavemente, desplegó las alas. Con un grito triunfante, empezó a flotar en el aire.

Quizá el águila todavía se acuerda, con nostalgia, de los pollos; puede incluso que baje al corral a verlos. Pero, que se sepa, nunca ha regresado a esa vida. Era un águila, a pesar de haberse visto retenida y alimentada como un pollo.

Igual que el águila, los que aprendieron a verse como lo que no son, pueden decidir descubrir su auténtica identidad. Pueden convertirse en personas auténticas.

Los estados de la manifestación

El Yo Padre corresponde a la autoridad y, por definición, al espíritu. El Yo Padre, liberado de sus dogmas y de sus antiguos principios, se convierte en una formidable herramienta de referencia para ayudar al Yo Adulto hasta la madurez. El Yo Padre comprende al otro, le ayuda y le da permiso para ser él mismo; es, en realidad, la quintaesencia del yo, se renueva constantemente, sabe que no hay nada fijo y que, lo que hoy representa una autoridad en determinado campo, mañana puede ya no serlo.

Los valores son, al mismo tiempo, espirituales y humanos. Espirituales, en tanto que entiende que todos formamos parte de la misma familia y humanos, en tanto que ayuda y apoya al otro, pacientemente, a responsabilizarse de él mismo, de un modo progresivo.

El maestro de Reiki debe alcanzar esta profunda sabiduría. Debe ayudar al otro a ver su propia luz interior, a construir su propia vida y a través de su propio camino. No toma como referencia lo que es justo hacer o lo que no. Se limita a ayudar al otro a no equivocarse demasiado, le ilumina el camino iluminándolo a él mismo en su espejo, a su reflejo, sabe que la materia es toda una, como seguramente también lo es el espíritu.

El espíritu y la materia son una sola cosa que se manifiesta de varias formas, ya que cada ser humano tiene una melodía y una coloración propias, y lo que provoca la grandeza y la dignidad de un ser son sus particularidades.

> Igual que un cristal, lo que le da rareza y valor
> son las impurezas, no las perfecciones.
> Lo perfecto no existe en el plano material.
> Sólo existen las pruebas, las tentativas y los errores,
> pero un ser se construye desde sus cualidades
> porque sabe que los demás están hechos en el mismo molde
> de creación que él, aunque cada uno emite en un modo
> de tiempo y una frecuencia distintos.

Señales de reconocimiento

La persona que ha recibido señales de reconocimiento puede reproducir algunas parecidas. La persona que no las ha recibido camina errante por el mundo. Su necesidad de reconocimiento es exagerada, y lo busca en todas las miradas.

Esta ausencia de gratificaciones desequilibra su identidad. No sabe qué hacer. Va a tientas por un laberinto, buscando una salida, una palabra, una respuesta a su angustia. Venera al primer salvador que le ofrece reconocimiento. Este salvador no es más que su propia sombra, porque lo ha ayudado tanto tiempo que la persona se encuentra en una posición de víctima, de necesidad de ser salvada o de recuperar un pasado perdido.

En el encuentro verdadero, he catalogado siete señales de reconocimiento, desde el no reconocimiento hasta la gran presencia.

Las siete señales de reconocimiento en el encuentro verdadero

1. El no reconocimiento o la ausencia de señales.

2. Las señales incondicionales negativas.

3. Las señales condicionales negativas.

4. Las señales condicionales positivas.

5. Las señales incondicionales positivas.

6. La pequeña presencia.

7. La gran presencia.

En realidad, estas señales de reconocimiento se definen en términos de cantidad y, sobre todo, de calidad de energía en una relación, donde se produce un intercambio real entre una o varias personas en presencia.

En el encuentro verdadero, sólo utilizamos las cuatro últimas. Para una persona que no ha conocido señales positivas en su vida es difícil poderlas reconocer en los demás, ya que el otro es su propio reflejo.

1. Ausencia de señales

A esta persona la han abandonado a ella misma. No ha recibido ninguna señal de reconocimiento, es decir, ninguna alimentación relacional, del tipo que sea. Con el tiempo, se cierra en ella misma y no se comunica con el mundo.

Enfermedades: autismo, gran timidez, poca confianza en uno mismo. Afortunadamente, con la llegada de la información y el conocimiento, este tipo de condicionantes aparecen en contadas ocasiones.

Jamás he conocido a ninguna de estas personas, aunque estoy convencido que existen.

2. Las señales incondicionales negativas

Esta persona ha recibido grandes dosis de culpabilidad, menosprecio y la han rebajado ya sea por ignorancia, estupidez o cretinismo.

Afirmaciones recibidas durante la infancia:

- Cállate…
- No vales nada…
- Jamás llegarás a ser nada…
- No te querré nunca…
- Eres la vergüenza de la familia…
- Todo es culpa tuya…
- Eres un imbécil, un estúpido, una puta…

Estas señales deterioran al ser. No respetan la naturaleza humana. La persona que las dirige hacia sus hijos o hacia los demás, normalmente se limita a revivir su experiencia.

A nivel energético, son mucho más fuertes que la ausencia de señales. El niño, y más adelante el «adulto», se pondrá en las mismas condiciones para provocar el mismo tipo de reacción parental y autoritaria. Alguien conocido como un estafador va a vivir para siempre con esa señal de reconocimiento y eso será, por lo tanto, una premisa de identidad social.

3. *Las señales condicionales negativas*

En este nivel se presupone una cierta evolución, porque la negación de esta señal está relacionada con un suceso, y no directamente con el ser.

Sin embargo, si se repiten muchas veces en el ambiente familiar, la vida social o la actividad profesional, estas señales van minando la moral, la motivación y la alegría de vivir.

Afirmaciones recibidas durante la infancia:

- Hoy no sirves para nada…
- Hoy llevas unas pintas…
- Esta mañana te has peinado sin espejo…
- La redacción está llena de faltas…
- No entiendes a los hombres, a las mujeres…
- Has cortado mal la carne…
- La conferencia que diste ayer fue patética…

En las mejores condiciones, estas señales de reconocimiento se utilizan para hacer que la otra persona tome conciencia de su error. A menudo, se usan para rebajar al otro, porque es diferente al que hace las afirmaciones. Esta diferencia incomoda porque requiere un esfuerzo, un enderezamiento de la situación, una nueva manera de ver las cosas, o de verse a uno mismo.

En el aspecto energético, estas señales introducen una pequeña dosis de energía de reconstrucción, aunque en ningún caso crean la motivación de construir, de perseguir o de realizar algo con el interlocutor.

4. Las señales condicionales positivas

Este nivel de reconocimiento ya se parece al primer nivel de la naturaleza humana, el de la persona que quiere ayudar al prójimo a progresar en su propio camino. Favorece la confianza en uno mismo, da valor después de una larga prueba de denigración o de clausura en uno mismo.

Ayuda a que el ego se reafirme, a recuperar su espacio vital, respirar mejor y descubrir el arte de compartir con los demás.

Afirmaciones que producen una buena dosis de energía:

- ¡Hoy estás muy guapa!
- Esta mañana tienes un aire muy seguro...
- Tienes una clase; ese jersey es precioso...
- Tienes muy buen aspecto, ¿qué has hecho?...
- La conferencia ha sido excelente, te felicito...
- Te invito a cenar esta noche...
- Hoy tienes una voz muy bonita...
- Parece que el tratamiento te sienta muy bien...

Cada manifestación de reconocimiento produce cierta dosis de energía, alimenta al que la recibe. En la vida, todo es cuestión de medida, ya que si sólo buscamos energía nos convertimos en dependientes de quien nos la da. La persona que fue una ayuda y una protección se convierte en un maestro, y nos hace esclavos suyos.

En exceso, las señales de reconocimiento condicionales positivas nos tienen prisioneros, tenemos miedo de contradecir al maestro, al padre o la madre, al marido o la mujer, al jefe, al doctor, al sacerdote, etc.

5. Las señales incondicionales positivas

Son de los reconocimientos verbales más bonitos que existen. Es el reconocimiento de uno, de su ser, es la identidad recuperada, señales nuevas para un nuevo comienzo en la vida.

En el encuentro verdadero, estas señales son las únicas autorizadas a verbalizarse. Cada persona recibe más de cincuenta señales de reconocimiento en menos de diez minutos. Para muchos, esta es una de las experiencias más bonitas del amor entre seres humanos.

El nivel energético es excepcional; todo el organismo vibra, cuesta retener las lágrimas ante tal avalancha de amor verdadero, sin condiciones ni ataduras de ningún tipo.

Algunas señales de reconocimiento incondicionales positivas:

- Tu voz me reconforta...
- Tu mirada me hace recuperar la serenidad...
- Te doy las gracias por existir y estar aquí...
- Honro tu bondad y tu presencia...
- Eres radiante...
- Te quiero con todo mi corazón...
- Te quiero...

Una fuerza increíble inunda a los participantes, un momento único, sagrado, un encuentro con su ser más profundo a través de otro, de todos los otros.

6. La pequeña presencia o la pequeña cara del amor

Esta señal no se expresa con palabras, habladas o escritas, porque es un encuentro verdadero entre dos seres. La mirada es el vector de este intercambio. El otro se convierte en una prolongación de uno mismo y verse reflejado en todas sus facetas hace nacer un sentimiento tan sagrado que no serviría de nada intentar explicarlo con palabras.

Cuando dos seres se encuentran con la mirada se produce una comunicación, un intercambio excepcional. La psique se llena de tanta fuerza que hace nacer la empatía, la alegría en el corazón y literalmente inunda todo el organismo biológico del ser.

Esta experiencia se repite varias veces durante el encuentro verdadero para abrir las compuertas de la energía vital de la vida con lo más sagrado del hombre y la mujer.

7. La gran presencia o la gran cara del amor

Llegamos al intercambio más potente del proceso; no se puede provocar voluntariamente, porque es una maduración progresiva. Nace en el interior e inunda totalmente el ego. Es el encuentro con uno mismo a través del otro: la unidad.

Los cuatro ejes de la manifestación de la personalidad

Actitudes fundamentales frente a la vida

Nuestra felicidad o nuestra infelicidad en la vida personal y profesional dependen, en parte, de nuestra actitud fundamental frente a la vida. Thomas Harris, el fundador del análisis transaccional, después de largos análisis, consiguió distinguir cuatro posiciones de vida.

Me afirmo

De la dependencia a la independencia.

Culpabilizo al otro

Admiro al otro

LA AUTORIDAD
Diálogo interior:
– Lo sé mejor que él
– Tiene suerte de tenerme
Sentimiento profundo:
– Mucho miedo a la vida y a los demás
– No debo dejar que vean que me he equivocado

AUTONOMÍA
Diálogo interior:
– Me siento bien conmigo y con los demás
– Participo en la vida exterior siendo yo mismo
Sentimiento profundo:
– Aunque a veces sea complicada, la vida es muy bonita

AISLAMIENTO UNO MISMO
Diálogo interior:
– No valgo nada, y el otro tampoco
– Todos son unos inútiles
Sentimiento profundo:
– Soy deprimente, y el mundo también
– Me siento abandonado
– Ya no creo en nada

DEPENDENCIA
Diálogo interior:
– El otro lo sabe mejor que yo
– Sin él o ella, no soy nada
Sentimiento profundo:
– Admiración hacia el otro
– Miedo a ser abandonado
– Miedo a la oscuridad y lo desconocido.

Me culpabilizo

Posiciones psicológicas y sociales

1. No estoy bien / Estás bien = miedo

Esta posición suele dejar entrever sentimientos de inferioridad o complejos. Las consecuencias suelen ser tartamudeo e inhibición. Muchas personas han heredado este estado porque sus padres, involuntariamente, las han rebajado mediante frases como las siguientes:

- **Si no puedes hacerlo, no te enfades.**
- **Deja que tu hermano te corte la carne.**
- **No eres lo suficientemente grande para...**

2. Estoy bien / No estás bien = rechazo

Posición peligrosa, egoísta. Una actitud de dominio, de búsqueda constante de poder. La persona se considera el centro del mundo y cree que los demás deben girar a su alrededor. En los casos más extremos, estos individuos actúan de forma enfermiza porque creen que siempre llevan razón, que los demás están siempre equivocados. Algunos de estos individuos fueron sobrevalorados en su infancia con frases como éstas:

- **Tu madre es auténticamente idiota, suerte que estás tú...**
- **¿Qué haría yo son ti?**

3. No estoy bien / No estás bien = abandono

El estado de esta posición da mucho trabajo a la psiquiatría. Tendencias suicidas, actitud apática, personas enfadadas consigo mismas y con su entorno. Esta posición se desarrolla en niños cuyos padres no se ocupan de ellos, les demuestran poco respeto y los desprecian con señales de reconocimiento negativas, como:

- ¿No sabes hacer otra cosa que lloriquear?
- ¡Jamás aprenderás nada!
- No vales nada.
- Te maldigo.

4. Estoy bien / Estás bien = armonía

Los dos están bien. La satisfacción con uno mismo y el entorno es una característica de esta posición. Nos sentimos bien con los demás, somos productivos, útiles, estamos en paz y armonía con nosotros mismos y con los que nos rodean.

Leyenda personal

Todos llevamos en nuestro interior un profundo secreto: la leyenda personal. Es un secreto tan bien guardado que muy pocos hombres y mujeres lo descubren durante su estancia aquí abajo.

Ya lo entrevieron varias veces durante la juventud, un tiempo en que la fe y la promesa de un futuro vibraban con tanta fuerza que nada ni nadie hubiera podido impedir que su sueño se cumpliera.

Y que sepas, amigo o amiga, que todo es posible; mientras te quede vida, todo puede cambiar; el primer paso te pertenece, tu leyenda personal siempre está presente, está esperando que te despiertes, que dejes de ser copias de los demás, de padres, sociedad, cultura, religión o lo que sea, y seas tú mismo, que sólo seas una copia de lo que vive en lo más profundo de tu ser.

> **Este paso único no se puede dar mañana o pasado, se tiene que dar en este instante presente, mientras lees estas líneas. No existirá una ocasión igual a este instante mágico y único, aprovéchalo, lo puedes hacer ahora mismo.**

No esperes a que los astros, la coyuntura, la disponibilidad o el tiempo sean más favorables. Precisamente, la situación en la que te encuentras ahora mismo te ofrece su regalo más preciado: este presente inestimable, estar vivo en este presente.

El interior y el exterior se parecen. Si cambiamos el punto de vista, podemos verlo todo de distinta manera. Al dar un paso avanzamos, al avanzar cambiamos y transformamos nuestro entorno.

Al contar con el otro, dejamos nuestro regalo, nuestra vida, en manos del azar, de la incertidumbre, de las apariencias y de la seguridad efímera. Al llevarnos de la mano, nos ayudamos y, al ayudarnos, ayudamos al otro y, al ver nuestro esfuerzo, él recibe la fuerza para continuar.

La promesa de la eternidad se hereda; está en los genes y circula por todas nuestras células. Gritan tan fuerte que esta fuerza está presente, que basta con revelarnos contra nosotros mismos para saber que somos únicos. No hay nadie, ni hoy ni mañana, que se parezca a nosotros. Esto tan precioso está en nuestras manos, ahora, tan noble como el primer día de vida del mundo.

Seamos como la flor de loto, que nace entre las aguas sucias y fangosas, de donde saca su abono, y no su maldición. Consigue la fuerza del barro y así, esta flor tan bella y sagrada, nos demuestra que la vida nace de lo imperfecto. La humanidad no es un producto terminado, está en desarrollo continuo. Cada vez que pronuncias una palabra de ánimo, cada vez que tocas a alguien con respeto, cada vez que expresas un sentimiento, cambias la cara del universo. Te da las gracias por la vida que hay en ti; todo lo que haces, todo lo que miras, tocas y escuchas alimenta tu alma. Debes aprender a recoger los frutos de tu vida y vivirás eternamente. La muerte sólo es un trance, la enfermedad es la oportunidad para conocerse mejor y los demás son los fragmentos de un solo y mismo Espíritu.

Tal como hablo, creo...

Al hablar, das, te metamorfoseas, creces y construyes tu futuro, tu leyenda personal.

El verbo se ha hecho hombre y el hombre puede generar su vida, su propia creación.

Leyenda de Narada

Érase una vez, en algún rincón de esta Tierra, un reino. Parecía un jardín de las delicias, como de los que ya no quedan. Este país se llamaba el reino de los simples.

En este reino, vivían grandes maestros muy instruidos y artesanos poco cultivados. A esta Tierra maravillosa llegaba un majestuoso río. La armonía y el respeto reinaban en el lugar, y algunos seres conseguían, desarrollando la fuerza mental, llegar a dominar los cuatro elementos. Algunos incluso podían detener la puesta del sol, otros jugaban con las energías del viento, otros hacían llover y así, entre todos, fabricaban, con la única ayuda de su poder mental, todo lo que deseaban ardientemente.

Se dice que en ese país vivía un gran Yogui que era capaz de todas las proezas con los cuatro elementos. Permaneció joven mientras duraron su fuerza mental y su motivación. También se dice que, de vez en cuando, un ser de luz de gran belleza visitaba el lugar. Y le pusieron nombre: el muy venerable sabio Narada. Se decía que viajaba de un planeta a otro en nave espacial y que hablaba directamente con Brahmán: Dios.

Entonces, un buen día, este honorable sabio se dio cuenta del estado de conciencia que reinaba en esa Tierra. La primera persona que se encontró fue un Yogui con grandes poderes. El Yogui lo reconoció enseguida y le dijo:

—Oh, gran venerable Maestro, cuyo nombre es bien amado en el corazón de Brahmán, ¿puedo hacerte una petición?

Narada le respondió:

—Claro, ¿de qué se trata?

—¿Puedes preguntarle a Brahmán cuántas vidas me quedan en esta Tierra, para salir de la rueda de los renacimientos?

Y Narada le respondió:

—Sí, si lo veo.

Continuando su camino, a lo lejos vio un viejo campesino que trabajaba la tierra, y le dijo:

—Mi viejo amigo, ¿no estás cansado de seguir trabajando a tu edad?

El viejo se levantó y comprendió que quien le acababa de hablar era Narada. Le respondió:

—Sirvo a mi señor, oh venerable Maestro —y continuó—. Sí, mi cuerpo está cansado. ¿Puedo pedirte un favor?

—Dime —dijo Narada.

—Como mi cuerpo ya está muy castigado, puedes trasladarle una pregunta a Brahmán, mi Dios. ¿Cuántas vidas me quedan en este nivel de existencia?

—De acuerdo —le respondió Narada, visiblemente emocionado por aquel personaje tan humilde—. Ese señor llevaba a sus espaldas ochenta años de duro trabajo.

De este modo, Narada dejó la Tierra y regresó cuarenta años después. La primera persona que se encontró fue el Yogui, que seguía manteniendo una apariencia serena y magnífica. Tenía más de mil años. Al parecer, poseía el secreto del elixir de la larga vida. Se había convertido en maestro de casi todo. Podía regenerar su cuerpo y protegerlo de la decrepitud y la enfermedad, pero eso le quitaba toda la energía así que, durante toda su vida, no se ocupó de otra cosa que no fuera él.

Al ver a Narada, le preguntó:

—¿Y bien? ¿Has visto a Brahmán?

—Sí —respondió Narada—. Y esta es su respuesta: tienes suerte, sólo te quedan tres vidas para liberarte totalmente.

El asceta creía que había alcanzado la cima de la gloria y, al escuchar aquello, se levantó y le gritó a Narada:

—¿Tres? ¡A través de todas mis privaciones he conseguido el secreto de la juventud eterna y todavía tengo que vivir tres vidas más! ¡Jamás! ¿Me has oído?

Sin embargo, aquel exceso de cólera le hizo perder la maestría que con tanta paciencia había conseguido a lo largo de los siglos y se desintegró en el campo.

Narada continuó su recorrido, curioso por ver qué había pasado mientras él había estado fuera. Para su sorpresa, el viejo seguía allí. Cuando vio a Narada, el hombre empezó a sollozar, emocionado de volver a ver a su venerado y bien amado amigo.

Narada le dijo:

—Veo que sigues aquí, ¿cómo te encuentras?

—Muy cansado —respondió el viejo—. ¿Tienes la respuesta de mi pregunta a Brahmán?

—Sí, amigo mío —dijo Narada—. Esto es lo que me ha dicho que te transmita: mira ese gran árbol (un majestuoso baniano con millones de hojas). Te quedan por vivir tantas vidas como hojas tiene el árbol.

Sin decir nada, el hombre se arrodilló y murmuró una oración:

—Oh, Dios en quien he depositado toda mi confianza; te doy las gracias, a pesar que ya soy viejo, por darme tantas oportunidades para servirte; que cada una de esas hojas sea para mí una fuente de gracia.

Y en ese mismo instante, una violenta ráfaga de viento arrancó todas las hojas del árbol...

Entonces, en el interior del viejo campesino, una voz dijo:

—Desde este momento, eres libre, hijo mío.

El viejo se desvaneció ante los ojos de Narada para transformarse en una radiante luz.

Dejo que cada uno interprete en su corazón este precioso mensaje.

TERCER NIVEL DE REIKI A

El árbol de la vida del mundo de la formación

Este árbol permite la manifestación de la energía sobre el plano terrestre. Es el arquitecto de la vida y representa la curación mental a través de la circulación de las energías en el cuerpo. A pesar de ser invisible a los sentidos habituales, un terapeuta energético sí que lo percibe, porque ha aprendido a trabajar con una nueva percepción de la vida y sus energías.

Es un lugar donde se forman las energías nuevas y las que tienen que ser evacuadas porque su función en el cuerpo ya está terminada. La fuente del intercambio, de la relación entre sangre y oxígeno, entre los sentimientos y su expresión en este mundo, es el sistema cardiovascular.

En el nivel energético, este intercambio se concreta a través de nuestra capacidad de dar y recibir. Al establecer una relación con el sistema respiratorio, podemos entender que nuestra manera de dar corresponde a los pulmones o al ritmo respiratorio. La facultad de dar se expresa mediante la capacidad de expiración, y la manera de recibir, por la capacidad de inspiración. En el sistema cardiovascular, el estado de salud de las arterias representa nuestra disposición a dar y las venas simbolizan nuestra facultad de dejar atrás el pasado.

Así pues, calcula tu ritmo respiratorio y estarás en disposición de evaluar qué le falta a tu cuerpo para la libre circulación de las energías. La expiración debe ser superior, aproximadamente el doble que la inspiración. Cuánto más larga sea la expiración, más ancha será la inspiración que, por otro lado, sucede de manera natural. Por lo tanto, cuánto más das, más recibes. Este es uno de los misterios de la salud.

El plan de formación se corresponde al del elemento agua, al de los ángeles y al de los guías de luz que nos ayudan a renovar nuestra verdadera naturaleza. Esta parte invisible de nosotros, que ignoramos que existe, a menudo permite que los demás nos exploten sin que lo sepamos, debido a nuestro desconocimiento y a la inexperiencia.

Esquema de lo invisible y lo visible en el hombre

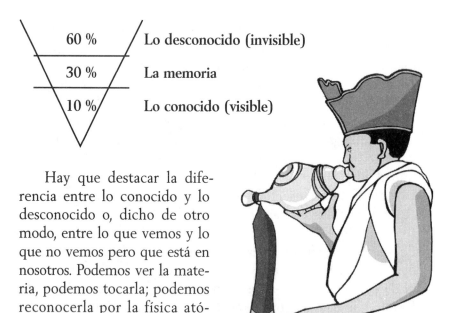

60 %   Lo desconocido (invisible)

30 %   La memoria

10 %   Lo conocido (visible)

Hay que destacar la diferencia entre lo conocido y lo desconocido o, dicho de otro modo, entre lo que vemos y lo que no vemos pero que está en nosotros. Podemos ver la materia, podemos tocarla; podemos reconocerla por la física atómica. No sabemos por qué funciona, sólo podemos constatarlo. Es imposible calcular el infinito a partir de lo finito.

El poder de curación está tanto en nuestra memoria individual y colectiva como en la inconsciente, que sólo pide manifestarse. Por eso, es necesario abstraernos de nuestros conocimientos para ser receptivos al infinito. Olvidar lo conocido no significa perderlo, sino abrirlo al conocimiento universal.

Reiki terapéutico

La curación holística (canalización de la energía)

«La enfermedad es un síntoma, una onda de choque, que nos permite tomar conciencia de que es urgente intervenir y cambiar algo en tu vida.

»Si crees que la enfermedad es fruto del azar, entonces siento mucho decirte que tienes muy pocas posibilidades de encontrar la vía de la curación. Asimismo, si crees que eres culpable y alimentas un complejo de culpabilidad, todavía tienes menos posibilidades de sanar, porque crees que no te mereces la salud y conviertes la enfermedad en un grave castigo.

»Oh, pueblo de la Tierra, ¿cómo te atreves a insultarme así? Yo, el creador de tu cuerpo, que soy parte de tu alma y la conciencia de tu espíritu, ¿cómo crees que puedo castigarme así?

»No, amigos y amigas de la Tierra, esta división, esta incomprensión nace de la dualidad en vosotros, porque no tenéis confianza ni conciencia que yo soy TODO y que no hay nada en el universo que pueda romper la armonía.

»Cuando estás enfermo, hijo de la Tierra, ella, tu madre, la madre Tierra, te ofrece la oportunidad de evolucionar más hacia mí conscientemente. Por lo tanto, en lugar de huir de la enfermedad, pregúntate: "Enfermedad, ¿qué quieres decirme?, ¿quién eres?, ¿por qué este dolor?, ¿qué quieres enseñarme y qué tengo que hacer para recuperar la salud?".

»Si te diriges así a tu síntoma, él te responderá a través de tu propio sistema de referencia, a través de tu terreno, a través de tu propia filosofía de curación.

»No existe ninguna terapia, ninguna forma de medicina universal, que pueda ayudar en la curación, porque todos somos seres únicos y cada uno tiene procesos distintos para concebir la curación.

»El único maestro de la curación eres tú, igual que eres el único artesano de tu enfermedad y de tu vejez, de tu descomposición y de tu desconocimiento del proceso que ha construido tu cuerpo.

»Si entras en contacto con el proceso de tu cuerpo, con la célula madre que fabricó tu cuerpo, todos tus órganos, conseguirás encontrar las fuentes necesarias y los medicamentos adaptados a tu reconstrucción.

»Tienes en tu interior lo que hace falta para reconstruir un cuerpo nuevo, eternamente joven y con buena salud. No existe un remedio milagroso, porque el milagro no es la curación, sino el proceso que permite que el cuerpo, el alma y el espíritu encuentren su forma original.

»El proceso no depende del tiempo porque, si tu espíritu y tu alma están preparados para la transformación interior necesaria para hacer penetrar la luz, puedes curar en una fracción de segundo.»

(Extraído del libro *Les Secrets Dévoilés*.)

Tres iniciaciones al tercer nivel de Reiki

Primera iniciación

Nos da la fuerza para crear un espacio en nuestro interior, nos revela lo más precioso que tenemos dentro. Profundiza la penetración de la luz en la mente, permite que nos iluminemos desde dentro y nos prepara para el despertar espiritual.

Segunda iniciación

Nuestras creencias y nuestros principios de vida reciben un nuevo saber, una nueva forma de iluminación. Sin alterar nuestra esencia, vemos el mundo desde otro prisma, bajo un nuevo contraste, y empezamos a ver lo invisible en lo visible y aprendemos a ver más allá de las apariencias y de los juegos de luces exteriores. Esta iniciación afecta, particularmente, a las células madres o hereditarias.

Tercera iniciación

La energía luz descenderá hasta lo más profundo de nuestro ser para insuflarnos la fuerza para asumir los cambios que puedan sucedernos como nuevos Maestros de Reiki. Este cambio afecta, particularmente, a las creencias, para no transmitirlas a los demás a través de nuestra nueva función. Es importante darle tiempo a la energía para que construya tu cuerpo nuevo. Toma forma en el interior y busca exteriorizarse, así que debes estar atento porque te habla de tu esencia primera.

Curación mental

La curación no es la ausencia de enfermedad, sino que es un proceso de puesta en forma de nuestra condición de vida. Cada pensamiento, cada emoción, cada gesto produce energía. Si el conjunto de nuestros actos está desequilibrado, se produce una desestabilización en nuestra biología interna.

El sufrimiento es el grito de las células nerviosas que se sienten abandonadas. El inconsciente las priva de la energía vital que necesitan para alimentar nuestro cuerpo con la vida.

La enfermedad empieza por una acumulación de energía dispersante. Los centros de eliminación no pueden seguir porque están sobrecargados. Estas energías empiezan a perturbar la circulación de la fuerza pránica que va de la cabeza a los pies, y viceversa.

La acumulación produce una cristalización de las energías que se suele manifestar en forma de fatiga crónica, de resfriado o de pérdida de peso. Esta acumulación genera una ligera irritación en las distintas sinapsis (conexiones neurológicas), así como en los conductos sagrados, como los nadis o los meridianos, cuya función es alimentar a los órganos vitales.

En lugar de escuchar los mensajes de nuestras células, cometemos un error fundamental al tomar estimulantes, pastillas contra el dolor o incluso complementos alimentarios. Todo esto aumenta el desequilibrio energético de nuestro cuerpo.

El cuerpo necesita calmarse, recuperar fuerzas y no sobrecalentarse (la alquimia digestiva). Este gran desequilibrio conlleva una profunda perturbación en determinados componentes del cuerpo, como la sangre, la médula o los músculos. Las señales anticipatorias de esta perturbación se presentan en forma de vértigos, calambres musculares nocturnos y crispaciones que provocan algunos problemas respiratorios.

Al cabo de un tiempo, la conciencia localiza el dolor persistente cuando este se concentra en un tejido orgánico. En ese momento, el Reiki se convierte en algo esencial para pacificar el organismo y devolverle su equilibrio.

Si la perturbación no se desactiva mediante una nueva higiene de vida, incluyendo una higiene alimenticia, se manifestará mediante síntomas más graves que permitirán identificar la enfermedad. En este punto, el especialista (el doctor) le da un nombre (una referencia) a la enfermedad.

Lo que provoca estas graves distorsiones que conocemos como enfermedades es nuestra inmadurez y la falta de concienciación de la estrecha relación entre el espíritu y el cuerpo.

Al aumentar la sensibilidad hacia el cuerpo, las emociones y los pensamientos, empezamos a dominarlos mejor. Las iniciaciones del tercer nivel de Reiki tienen, entre otras, esta función.

> La curación sólo se manifiesta cuando se produce una
> auténtica toma de conciencia a nivel de la psique;
> no podemos forzar ni precipitar nada.

«Cuando el cielo se aclara, la Tierra está menos sombría.» Esto significa que la cabeza cambia, se transforma, que las células recuperan su funcionamiento natural al eliminar las toxinas por las vías normales.

Los cuatro elementos de la manifestación de la vida

Los cuatro elementos

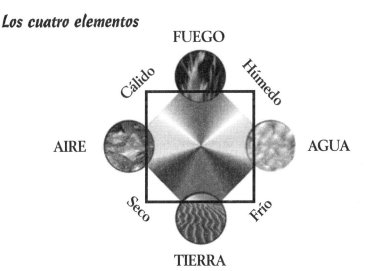

Según nuestros antepasados, los elementos son la causa manifiesta de la percepción de los órganos sensoriales.

El espacio es la primera esencia de la vida. Simboliza el vacío sideral. Se percibe a través de los receptores sensoriales (por la distancia entre las dos orejas), y está unido al chakra corona.

El fuego predomina en los ojos y en el plexo solar (páncreas), la alquimia o el ardor de estómago.

El aire predomina en la epidermis, una superficie muy grande, está relacionado con el entorno y se percibe por el tacto.

El **agua** predomina en la boca. Se siente a través de la lengua, el paladar, la garganta y el sentido del gusto.

La **tierra** predomina en la nariz, en el olfato. Se percibe a través de los demás órganos de percepción.

La relación principal entre los cuatro elementos es el espacio, porque une el cuerpo y el espíritu a través de aire (el pensamiento) y el agua (la emoción). Esta dualidad es la piedra angular capaz de transformarlo y reconstruirlo todo.

Correspondencia de los cuatro elementos con las distintas partes del cuerpo, el alma y el espíritu

Tierra

La tierra y sus alimentos son el abono permanente para que la fuerza vital se manifieste bajo múltiples formas.

Cuerpo	Huesos, dientes, cartílagos, piel, cabellos, músculos, tendones, uñas, nalgas, cera, suero.
Espíritu	Sueño profundo, rodillas, confusión.
Alma	Color, inercia, cuello, intestinos.

Señales de deficiencias de tierra:

En el caso de carencias en el elemento tierra, la asimilación y el catabolismo se debilitan.

El cuerpo tiene dificultades para conectar con sus raíces, las señales son confusas, el ser no está bien en su piel, le falta anclaje.

Tiene los nervios irritables y, a veces, esto se manifiesta con insomnio, agitación o ensueño.

Tratamiento Reiki:

Es necesario hacer circular la energía vital por la estructura ósea (médula ósea y espinal) para desatascar las articulaciones. Hay que insistir en todos los puntos de unión, es decir: hombros, codos, cuello, muñecas, caderas, rodillas, tobillos y la punta de los pies, utilizando el Daikomio si es necesario.

Tratamiento de los cuatro elementos:

Es necesario remediar este estado mediante la ingesta de tónicos y, de manera simultánea, liberar el organismo con plantas laxantes.

Constitución fría:

- Nuez Moscada.
- Asafétida.
- Ginseng de China.
- Granos de loto.
- Fenogreco.
- Sello secreto de Salomón.
- Valeriana.

Agua

Los líquidos representan más del sesenta por cien de la masa corporal. En este caso, el Reiki estará centrado en la cabeza con el símbolo Sei He Ki para liberar las emociones parásitas.

 Cuerpo — Secreciones corporales, saliva, citoplasma, plasma, linfa, orina, esperma, líquido reproductor y hormonal.

 Alma — Cansancio, dificultad para trabajar, ataduras, emociones, pecho, órganos reproductores.

| Espíritu | Sueños, sueño, pies. |

Señales de deficiencias de agua:

Cuando hay ausencia del elemento agua en el organismo, significa que existe un desequilibrio emocional, una carencia de alegría de vivir. Para compensarla, la digestión se realiza más rápidamente, pero la asimilación es bastante pobre, tanto a nivel de los nutrientes como a nivel de las emociones bloqueadas o reprimidas y, además, esta deficiencia de líquidos provoca úlceras de estómago.

Tratamiento Reiki:

El principal vehículo para la circulación de las energías es el agua, es decir, los líquidos como la sangre, las secreciones hormonales, la linfa, la orina, etc. Hay que liberar el centro de control (cerebro) de cualquier tipo de estrés o pensamientos parásitos y hacer circular la energía hasta la periferia (piel) y las extremidades superiores (manos y dedos) e inferiores (pies y dedos) para eliminar los miasmas emocionales.

Tratamiento de los cuatro elementos:

Los estimulantes digestivos pueden agravar el desequilibrio o la constitución de base. Se puede aumentar la cantidad de agua con los siguientes sabores: dulces, salados, agrios y ácidos.

Las plantas húmedas:

- Regaliz.
- Sello secreto de Salomón.
- Angélica china.
- Ginseng.
- Zumos de fruta fresca.

Aire

En los distintos órganos de la digestión hay una ausencia de vacío, y esto provoca gases indeseables en los intestinos. Sin espacio, el aire no puede transportar la fuerza vital (fuego), por lo que la expiración debe ser larga y profunda.

Cuerpo	Movimiento del cuerpo, respiración, circulación sanguínea y linfática, contracciones y temblores.
Alma	Preocupaciones, miedos, pulmones y riñones.
Espíritu	Pensamientos, mente y tobillos.

Señales de deficiencia de aire:

Cuando el elemento aire es insuficiente, se ralentiza la digestión ya sea por un exceso de alimentos o por una alimentación inadecuada.

Para poder realizar una combustión normal y óptima, el contenido del estómago debe ser un tercio de vacío (aire).

Contenido óptimo:

- 1/3 de vacío (aire).
- 1/3 de agua (líquidos).
- 1/3 de tierra (alimentos).

Esta obstrucción ralentiza toda actividad del cuerpo y, muy particularmente, la evacuación de las toxinas de los intestinos. Si no se pueden formar gases en el estómago, la reacción posdigestiva se produce en los intestinos, y genera gases intestinales malolientes y, a menudo, dolorosos.

Esta ausencia de eliminación de las toxinas aumenta el peso corporal y, en particular, en los tejidos periféricos (adiposos).

Para estimular la digestión, es necesario activar el cuerpo mediante el ejercicio y el movimiento y eliminar las cualidades pesadas y húmedas de las flemas.

Tratamiento Reiki:

Las ideas fijas, las creencias y los principios de vida suelen ser motivo de falta de flexibilidad, tolerancia y apertura a lo invisible. Y esto se traduce en un débil anclaje a la tierra, la obstrucción de la circulación de las energía en el corazón y los pulmones, algo que provoca una gran tristeza. Utiliza el CKR para aportar un poco de alegría al corazón.

Tratamiento de los cuatro elementos:

Sabores: amargo, astringente, ligero y móvil.

Plantas aconsejadas:

- Genciana.
- Menta.
- Purgantes.

Fuego

Es la fuerza vital por excelencia. Emite su energía hacia el espacio, lo invisible y la tierra. El fuego purificador lo transforma todo y da prestancia, alegría y fuerza creativa; es el poder de la voluntad en nosotros.

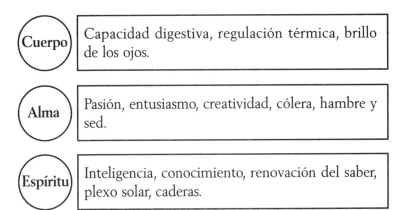

Cuerpo — Capacidad digestiva, regulación térmica, brillo de los ojos.

Alma — Pasión, entusiasmo, creatividad, cólera, hambre y sed.

Espíritu — Inteligencia, conocimiento, renovación del saber, plexo solar, caderas.

Señales de deficiencias de fuego:

Cuando el fuego es débil, el caldero alquímico es deficiente. El apetito es escaso y se forman flemas en el sistema gastrointestinal. Se desarrollan gases y parásitos que hinchan el estómago (emociones no digeridas).

Tratamiento Reiki:

Los alimentos del espíritu son incorruptibles porque resisten el paso del tiempo y dotan al cuerpo de flexibilidad y un aspecto radiante, son la juventud del espíritu. Estos alimentos no provienen de este mundo. Un tratamiento Reiki permite el aporte de esta energía maravillosa, y por eso son tan importantes el autotratamiento y la responsabilización de la propia vida.

Se puede aplicar una terapia a distancia con Daikomio para mantener la energía en una persona que ha perdido la confianza en sí misma.

Tratamiento de los cuatro elementos:

Suele ser necesario tomar estimulantes digestivos de calidad caliente en una cantidad asimilable por el organismo. No se aconseja obligarse a comer.

Plantas:

- Jengibre en polvo.
- Ajo.
- Pimienta negra.
- Asafétida.
- Canela.
- Albahaca.

Espacio

Es la primera materia y utiliza la materia primera (el cuerpo) para crear y desarrollarse en el vacío sideral. Es un fuego negro que alimenta el fuego blanco o la unidad primera.

 Cuerpo | Todas las cavidades del cuerpo, los ventrículos del cerebro y del corazón, el canal de la espina dorsal, el estómago, los lóbulos y las pleuras de los pulmones, los espacios intercelulares y todos los otros órganos huecos.

 Alma | Amor, plenitud, pena y tristeza.

 Espíritu | Impresión de vacío, soledad, ignorancia de la vida, oscuridad.

Señales de deficiencias de espacio:

Este elemento, que realmente no lo es, representa al mismo tiempo la primera materia de la vida y la quintaesencia de los cuatro elementos purificados. El éter no tiene ningún tipo de relación directa con la digestión, aunque una no conciencia del yo interior (espacio) provoca un estrés espiritual (fuego) en la digestión como, por ejemplo, comer demasiado para llenar una vacío (espacio) interior.

Como el espacio es necesario para la manifestación de cualquier forma de vida, si ese vacío falla, la constitución del cuerpo ya no actúa de forma armoniosa.

Tratamiento Reiki:

El espacio es necesario para dar lugar a intercambios, combinaciones de los elementos y la expresión de la vida. El interior se expande hacia el exterior y manifiesta su ley y su fuerza. La salud es encontrar un lugar sereno en uno mismo para recopilar la quintaesencia de su vida. Es necesario orientar al paciente hacia una búsqueda espiritual, hacia un avance del corazón hacia lo divino que habita en él.

Tratamiento de los cuatro elementos:

Hay que permitir que el espíritu encuentre su espacio vital, ardua tarea que hay que realizar con las plantas. Sin embargo, con el Reiki, permite distender la atmósfera y llenar el vacío interior con la presencia de un dulce calor (sensación de quererse y ser querido).

Las plantas que ayudan a este despertar son escasas:

- Centella asiática.
- Ácoro.

Maestro de la Era del Acuario

El nuevo maestro será aquel que aprenda a responsabilizarse totalmente de él mismo y ayude a los demás a hacer lo mismo. Aspirará a la paz, al amor verdadero e incondicional y estará en constante búsqueda de la unidad en todas las cosas.

En la antigüedad, los Grandes Sabios conversaban con los seres espirituales más elevados. Hoy, en la era del Acuario, el hombre debe aprender a conversar y a entrar en relación con la totalidad de su ser.

El hombre del Acuario debe parirse él mismo, igual que el Creador lo hizo al crear el universo. Sabe que es un ser único y que está encarnado en una capa o vestido físico como todas las cosas surgidas del vientre de nuestra Madre celeste, como todas las materializaciones de nuestras obras.

Los niños de mañana serán niños liberadores y hoy los conocemos como:

- Hiperactivos.
- Teflones (donde nada se adhiere).
- Niños de la autonomía.
- Niños índigo (con el aura de color del zafiro).

Sea cual sea el sobrenombre utilizado, estos niños forman la nueva generación de seres muy abiertos, llenos de conocimientos, de capacidades intuitivas e imaginativas, para construir el mundo de mañana seguramente de manera mucho más espiritual.

Como todo principio empieza con un final, se forma una etapa intermedia, una capa imperceptible que se disimula entre nuestros sentidos más antiguos y el mundo invisible. En la actualidad, esa capa se rompe y, progresivamente, lo invisible se une a lo visible. Se nos dan nuevos sentidos para percibir lo que ayer era invisible a nuestros ojos y que hoy todavía nos asusta, pero que mañana nos dará cobijo si vivimos deprisa el instante presente.

Este momento transitorio se conoce como el caos, es como una tierra de nadie, una etapa de purificación, de limpieza, necesaria para permitir un nuevo nacimiento y ese dolor, esa crisis, es el fermento y el abono de una nueva promesa, de una nueva era, no sólo para toda la humanidad, sino para el universo entero.

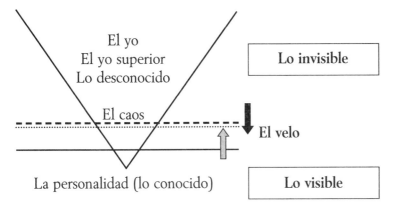

El maestro de Reiki es consciente de esta evidencia. Y eso le permitirá acompañar, aunque sea un instante, a toda persona que se encuentre para que pueda dar a luz a su divinidad interior o ponerse en contacto con su yo superior.

Es importante entender bien que no se puede franquear la capa arrastrando los viejos tormentos, las creencias desfasadas y el pequeño bienestar mientras la mitad del planeta se desmorona.

El Maestro estará en cualquier lugar donde reine la confusión para instaurar la paz, la luz y el amor; y no lo hará con su ejemplo, sino con la fuerza que sabe hacer nacer en el corazón de cada uno. No libera su propio potencial, sino el de cada individuo porque sabe que el potencial de los demás es parte de lo desconocido que él tiene que liberar, y el otro aspira a hacer lo mismo con los demás. De este modo, la continuidad y la evolución se ponen en marcha; ya no hay ganadores ni perdedores, sólo hay seres que se abren a su tesoro interior.

La persona que pretende construir su vida en el mundo actual es como la que pretende levantar su casa encima de arenas movedizas. Cada día, antiguos valores se derrumban, provocando un momento caótico; después, emergen nuevos valores que, a su vez, desaparecerán para renacer. Y es así cómo avanzamos por **el camino del gran Retorno**.

Mensaje de Krehys

La capa se rasga...

«Ha llegado la hora en que la frontera que separa lo visible y lo invisible está a punto de desaparecer. El cielo ya no será nunca más el de hoy y la Tierra ya no será nunca más la de ahora.

»Esta capa cubre el misterio de la muerte, de la vida y de la resurrección. El espíritu universal se propaga hacia todas las formas de la creación. Es un tiempo sin tiempo, donde el encantamiento se convertirá en la principal búsqueda de cualquier persona abierta a la vida real.

»Para algunos, el encantamiento engendrará la locura, para otros la autodestrucción y, para la mayoría, la huída hacia todo tipo de dependencias. Es el final de la era de las tinieblas y este período transitorio durará tanto que el hombre ya no deseará rasgar voluntariamente la capa que lo separa de su yo verdadero.»

Cuarto símbolo Reiki

El Daikomio

El símbolo Daikomio significa, literalmente, la gran luz. Representa el todo, el hombre y el universo.

Un símbolo sublime de una extraña belleza por la manera que tiene de moverse en el espacio. Está impregnado de una magia sagrada y corresponde a la fuente de toda manifestación de vida en uno mismo y a su alrededor. Se dibuja de dentro hacia fuera, porque es una energía esencialmente centrípeta.

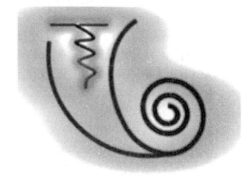

Trazarlo y visualizarlo tres veces seguidas.

Esta fuerza permite trabajar con todo lo relacionado con la curación. Personalmente, utilizo este símbolo incluso para tratar a alguien a distancia, porque es muy veloz.

El Daikomio actúa primero sobre el que lo utiliza y este lo emite a su alrededor.

Aplicaciones prácticas del Daikomio:

- Tratamientos agudos.
- Trabajo a distancia.
- Purificación de una egrégora.
- Enfermedades infecciosas.
- Problemas de equilibrio.
- Todos los accidentes.
- Torturas psicológicas.
- Angustias y miedos.
- Pensamientos negativos.

Para el autotratamiento

Se utiliza igual que cuando se aplica en otras personas. Basta con ver descender el Daikomio desde la cabeza y verlo salir al exterior y entrar al interior en forma de espiral. Hay que hacerlo varias veces al día. Su poder es inaudito aunque, como sucede con todo lo bueno, no conviene abusar.

A continuación, la representación de cómo lo aplico sobre una persona:

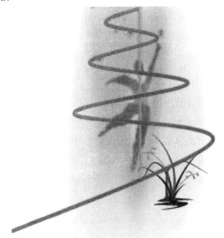

Ideograma del Daikomio

*Pictograma utilizado por algunos maestros o asociaciones como símbolo
del Daikomio.*

A pesar que toda forma dibuja una onda, no hay que confundir un ideograma, que es la sigla del símbolo, con el propio símbolo, que sólo aquel que sabe japonés puede entender.

Correspondencia cuerpo-espíritu

El hombre debe alumbrar lo divino que vive en él, bajo pena de caer enfermo. Al hacer salir de él la creación, se armoniza con el cielo y la Tierra.

El centro de control y de orientación

Es el centro del pensamiento (fuego y aire), y donde elaboramos nuestras reflexiones y nos orientamos interiormente.

El centro de acción

Es el lugar de encuentro del pensamiento (aire) y el deseo (agua), y crea la energía que permitirá que el hombre exprese su verbo, su fuerza, sus sentimientos y su carisma.

Centro de movimiento y de evolución

Es la expresión exterior que se manifiesta a través de nuestro poder y nuestra voluntad de cambio; nos permite, concretamente, cambiar de entorno.

Correspondencia con los movimientos

La cabeza: nos permite orientar la escucha y la capacidad receptiva a través de las orejas, los ojos y la boca. Es la receptividad frente a alimentos invisibles y espirituales que están en nosotros y que nos rodean con la colaboración de la naturaleza.

El cuello: une la cabeza (el cielo) con el resto del cuerpo a través del árbol de la vida, que es la columna vertebral. Asocia el pensamiento y el corazón en una misma melodía, en un mismo movimiento armonioso mediante la expresión de los sentimientos (verbo).

Los hombros: lo que somos incapaces de evacuar en lo que concierne a los demás, es lo que no podemos o no queremos depositar en el suelo, es la presión del inconsciente sobre la imposibilidad de hacer lo que deseamos.

El pecho: buscamos la maestría, la capacidad de reunirnos con el otro y crear una tensión, a veces incluso una opresión insoportable.

La espalda: en este punto, disimulamos los problemas ante los demás y sentimos el peso de la vida.

La barriga: aquí se sitúan los bloqueos emocionales y, a menudo, la rigidez de los sentimientos. La falta de acción genera este conflicto.

Correspondencia cuerpo-espíritu

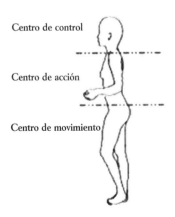

Centro de control

Centro de acción

Centro de movimiento

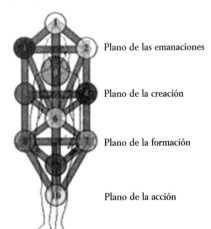

Plano de las emanaciones

Plano de la creación

Plano de la formación

Plano de la acción

Las manos: por el contacto entramos en relaciones íntimas con los demás, y con ellas podemos ayudarles.

Los codos: nos sirven para querer, para extender las manos o para relajar a los demás.

Las nalgas: nos procuran el privilegio o el inconveniente de sentarnos sobre todo lo que no queremos enseñar a los demás.

Las rodillas: expresan nuestra flexibilidad, humildad y exceso de fiereza. Nos impiden tenernos en pie.

Los tobillos: nos permiten adaptarnos a las circunstancias del terreno; determinan nuestra adaptabilidad a las distintas situaciones de la vida.

Los pies: nos dan la fuerza para tenernos en pie, el poder de plantarnos y encarnarnos en la Tierra; son el reflejo del conocimiento que tenemos del mundo.

Estas correspondencias pueden facilitar la interpretación de un síntoma en un paciente para determinar mejor su dolencia y, así, poder orientar mejor la terapia Reiki.

La unión entre el cuerpo y el espíritu está asegurada por el elemento aire (viento), el pensamiento, su estructura, su apertura y el elemento agua (líquidos). Circulan por el organismo y se unen a las emociones y su fluidos. Juntas, estas dos energías forman el sentimiento: el amor y sus distintos grados de expresión.

Formación de los símbolos bajo la luz de la Cábala

La Cábala, en hebreo, significa recibir y el hombre que alcanza la maestría es el que sabe revelar la luz en la oscuridad de la materia.

Los símbolos representan la geometría sagrada de las letras de fuego. Engendraron la creación. En el Reiki, los símbolos nacen del Veda y del Tao.

Interpretación de las formas

 El círculo sin límites representa el infinito sin principio ni final. Es la presencia de Dios, llena el todo o la nada.

 El punto simboliza el comienzo, el principio, el nacimiento de las emanaciones y de la creación del universo.

 La espiral (la piedra) significa la energía de la vida. Se despliega del interior al exterior y representa el mundo de las emanaciones.

El punto ampliado por la percepción invisible muestra la forma energética de lo infinitamente pequeño. A partir de este punto, que no es estático, se manifiesta y se emancipa la creación. El punto se aleja del centro mientras experimenta una forma de retención, de concentración y de expansión.

La línea, primera metamorfosis del punto, corresponde a un alejamiento del centro hacia la periferia, del interior al exterior, y de arriba hacia abajo.

La línea significa un límite en el tiempo y el espacio, así como una dirección, un ángulo, un grado, la segunda manifestación; es el plano de la formación (Yetzirah).

La línea horizontal corresponde a un límite superior o inferior (cielo o Tierra), plafón o suelo.

En su desplazamiento, el punto forma la línea, como una estrella fugaz. Cuando se desplaza de izquierda a derecha, la línea es receptiva a lo masculino, atrae.

Cuando se desplaza de derecha a izquierda, la línea es emisora y receptiva a lo femenino.

Cuando la línea es vertical y el punto se desplaza de arriba a abajo, es una energía activa y emisora; la voluntad del cielo se manifiesta según la inclinación sobre la Tierra, manifiesta la materia.

Cuando la línea es vertical y el punto se desplaza de abajo a arriba, es receptiva, sale al encuentro del emisor; es la acogida de la fuerza, su matriz.

Cuando la línea es oblicua y hacia la derecha, se expresa la voluntad del padre. Si es hacia la izquierda, se expresa la voluntad de la madre.

Cuando la línea oblicua ascendente va hacia la izquierda, es receptiva y cuando va hacia la derecha, es positiva y activa.

Cuando la línea forma un plano, un ángulo, una puerta, se produce el cambio de dimensión y de espacio-tiempo. En el momento en que el punto cruza la esfera de Daath (el conocimiento de los secretos), la luz empieza a oscurecerse y se cubre con diferentes túnicas, sobres, filtros, etc.

El ángulo es un grado, una fuerza de elevación, incluso cuando la fuerza es descendiente.

Líneas geométricas, ideogramas, letras y números

El punto Yod de los Cabalistas tiene un valor de 10 (Séphiroth 1+2+3+4).

La línea horizontal representa el techo del mundo, la línea vertical representa el descenso de la energía y su encubrimiento de capas para ser accesible por inclinación. Es la forma de un pórtico, de una cortina, de una vela, esconde el trasfondo (el inconsciente). La diagonal representa la primera letra o la primera materia de universo (Aleph).

Cuando el pensamiento no puede reaccionar (por el límite de nuestra comprensión), podemos invocar a los poderes regeneradores de determinados símbolos o, directamente, a la Cábala. Las letras sagradas de la Cábala están dotadas de un poder creador inconmensurable; están en el origen del proceso que engendra la vida.

La primera letra es el silencio. Su belleza permite escuchar el canto silencioso que nuestra alma le ofrece al espíritu. Le dice:

«Recuerda...
Acuérdate de tu esencia primera...»

La letra Aleph (fuego negro sobre fuego blanco).

Luz o fuego negro escrito sobre luz o fuego blanco

Desde la luz no revelada del infinito, este fuego secreto se manifiesta, primero, en la primera Esfera celeste, la corona (Kether) y continúa su emanación hasta la luz del padre (Hockmah); el camino hacia esta luz es la primera materia de la vida: Aleph.

Aleph se metamorfosea en Beith (2), después Beith en Guimel (3), y así hasta la última letra Tav (22), que posee un valor energético de 400, en relación a Aleph, que tiene uno.

Cuánto más desciende en el árbol de la vida, más se cristaliza la luz en diferentes colores y emanaciones.

De este modo, la luz, en la Tierra (el cuerpo o el reino), parece más débil, pero la persona que ve lo esencial en todas las cosas puede percibir la luz del mundo.

Usos de los símbolos

- El modo convencional que se ha descrito en la segunda fase de Reiki.
- Escribir el símbolo con fuego negro sobre fuego blanco. Llevarlo encima o trazarlo directamente sobre la piel de una parte del cuerpo enferma.
- La visualización 6 x 4 = 24. Consiste en llevar el ideograma encima y visualizarlo cuatro veces al día, cada seis horas.
- Cantar el símbolo en voz alta vocalizando y pronunciando todas las letras.

Tratamientos Reiki como terapia

1. Tratamiento en enfermedades crónicas.
2. Tratamiento en enfermedades graves.
3. Tratamiento en enfermedades autoinmunes.

Tratamiento en enfermedades crónicas

La medicina clásica define una enfermedad crónica como sigue: (cronos, el tiempo), enfermedades que evolucionan lentamente y son de larga duración, como:

- La diabetes.
- La tuberculosis.
- El reumatismo.
- La artrosis.
- La poliartritis y la artritis (inflamaciones).
- Las alergias crónicas (eczemas).
- Las dermatosis (enfermedades de la piel).
- Las cefaleas, migrañas, etc.
- Las enfermedades psicosomáticas (gastritis, úlceras, resfriados, diarreas y fibromialgias).
- Las dependencias (alcohol, drogas, tabaco, etc.).

Dolores agudos y profundos

En la medicina del alma, las enfermedades crónicas van unidas a un profundo rechazo al cambio. Este cambio se caracteriza por la rigidez, los frenos o los inconvenientes más o menos aparentes que pretenden profundizar en una búsqueda interior, a abrirse y a moverse en nuevas direcciones.

En cuanto al Reiki (técnica de curación), conviene especialmente tratar toda la superficie del cuerpo para acelerar el proceso de desintoxicación del organismo. Al principio del tratamiento, los dolores suelen surgir a partir de las primeras sesiones de imposición.

La eliminación se suele realizar a través de los pies (aumenta la sudoración y los olores), las manos (trasudores y emociones), los pulmones (aumenta la capacidad respiratoria) y los orificios naturales (desbloqueo de los intestinos en caso de catarro).

En esta etapa, la persona tratada a menudo se siente cansada, aunque relajada, como si hubiera hecho un ejercicio físico importante. Es conveniente, después de una sesión así, revitalizar a la persona con un cristal de roca.

Observaciones:

A veces, después de muchos tratamientos, los síntomas pueden agravarse en un momento. Si esto sucede, hay que recomendar a la persona que acuda a su médico. En la mayor parte de los casos, este agravamiento sólo es el resultado del proceso de eliminación y de curación que se ha estado realizando. Es conveniente tranquilizar al paciente y no alarmarlo.

Número de tratamientos para una enfermedad crónica:

Mínimo:
Doce sesiones de 45 a 90 minutos ➤(dermatosis)
de una a dos veces por semana

Medio:
Veinticuatro sesiones de 30 a 60 minutos ➤(alergias)
de dos a tres veces por semana

Máximo:
Cuarenta y ocho sesiones de 60 a 90 minutos ➤(reumatismos)
de tres a cuatro veces por semana

Uso de los símbolos:

¡Por intuición! Cada paciente es una persona única.

Tratamiento en enfermedades graves

Dolores fuertes y precisos que evolucionan muy deprisa pero que no duran mucho tiempo. La enfermedad grave se inicia con una crisis brutal y no se alarga demasiado. Cuando los dolores no se atenúan del todo, se dice que la enfermedad evoluciona de un modo subagudo (decrece, se debilita). Por el contrario, una evolución sobreaguda (que no decrece, incoercible) quema todas las etapas hacia un desenlace a menudo fatal.

Las enfermedades graves:

- Cáncer.
- Gripe.
- Dolores de cabeza.

- Infecciones virales.
- Alergias.
- Enfermedades cardiovasculares.
- Cálculos renales o biliares.
- Infecciones genitourinarias.
- Accidentes (quemaduras y golpes), etc.

En la medicina del alma, las enfermedades graves suelen representar la última oportunidad de escuchar al ser profundo y cambiar radicalmente de forma de vida. En este caso, el cuerpo físico reclama una asistencia absoluta al privar a la persona de todo razonamiento por medio de un intenso dolor.

En el tratamiento Reiki, hay que recomendar de antemano a la persona que consulte a un médico y empezar a tratar directamente la parte o los órganos que emiten un sufrimiento. A continuación, principalmente hay que activar los siete chakras mediante una armonización. En la mayor parte de los casos, la energía del Reiki atenúa directamente el dolor, aunque pueden producirse síntomas exacerbados durante los tres días siguientes a los primeros tratamientos:

La fuerza del Reiki actúa simultáneamente sobre el cuerpo físico y el energético (etérico). Distribuye la cantidad de energía necesaria para empezar el proceso de autocuración.

Observaciones:

En los casos graves (cáncer o enfermedades en fase terminal), hay que pedir al médico que lleva el tratamiento la autorización para tratar al enfermo sin que esto pueda interferir en la terapia clásica.

Número de tratamientos para una enfermedad grave:

Mínimo: Seis sesiones de 60 minutos
de tres a cuatro veces por semana.
Medio: Doce sesiones de 60 minutos
de cuatro a cinco veces por semana.
Máximo: Veinticuatro sesiones de 60 minutos
de cinco a seis veces por semana.

Se aconseja utilizar, en la mayoría de los casos, el Cho Ku Rei sobre la parte que sufre proyectándolo en series de tres cada diez minutos.

Tratamiento en enfermedades autoinmunes

Son enfermedades de autodestrucción graves, a lo largo de las cuales el sistema inmunológico ataca a las células del propio organismo. Estos mecanismos se unen a los rechazos de trasplantes y a las distintas disfunciones del sistema inmunológico. La alergia consiste en una reacción exagerada a la introducción de elementos extraños, mientras que la autoinmunidad ve cómo el sistema inmunológico ataca a los tejidos normales del organismo.

Las enfermedades autoinmunes:

- Diabetes insulinodependiente.
- Esclerosis en placas.
- Reumatismo articular.
- Sida.
- Lupus, etc.

En la medicina del alma, esta deficiencia se une a un rechazo a la vida, a uno mismo y a los demás. Somos alérgicos a la vida. La rechazamos y nos autodestruimos con tensiones recurrentes y acumuladas, provocando el caos a nivel de la hipófisis y la glándula pineal.

El tratamiento Reiki permite restablecer la confianza del paciente en su cuerpo y en su entorno. Se tienen que activar, con la fuerza universal de vida, el arraigo a la Tierra, la escucha del cuerpo y la disolución de las tensiones y los «no-dichos».

Todas las enfermedades tienen una sensación de angustia común: «estar mal habitado», no estar satisfecho con uno mismo ni con su vida. Existe una tensión constante, una tristeza, una represión de las expresiones y un «no-dicho» permanente en las relaciones. Esta acumulación provoca secuelas energéticas en el cuerpo físico, creando una resonancia desequilibrante en todos los demás cuerpos.

Observaciones:

El enfermo debe hacer unión consigo mismo. No puede permitirse el lujo de dejar su curación en manos del azar. Es imperativo que se responsabilice de él mismo y encuentre las mejores terapias para restablecer su proceso de autocuración. La terapia pesada de la medicina clásica es, en la mayor parte de los casos, la prioridad para detener la progresión de la enfermedad y así dar tiempo al paciente para que se recupere.

Número de tratamientos para una enfermedad autoinmune:

Mínimo: Sesenta sesiones de 45 a 90 minutos de una a tres veces por semana.

Campo de amor de la vida

Madre Teresa

La vida es una oportunidad, aprovéchala.
La vida es belleza, admírala.
La vida es placidez, saboréala.
La vida es un desafío, hazle frente.
La vida es un deber, cúmplelo.
La vida es un juego, participa.
La vida es preciosa, cuídala.
La vida es una riqueza, consérvala.
La vida es amor, gózalo.
La vida es un misterio, descúbrelo.
La vida es una promesa, cúmplela.
La vida es tristeza, supérala.
La vida es un himno, cántalo.
La vida es una lucha, acéptala.
La vida es una tragedia, enfréntala.
La vida es una aventura, atrévete.
La vida es felicidad, gánatela.
La vida es vida, defiéndela.

Protección total por lo divino

«Soy un destello de luz en el interior de una luz todavía más intensa; estoy rodeado de una luz blanca y rosa, desde la cabeza hasta los pies. Estoy tranquilo y sereno, estoy protegido de todas las fuerzas exteriores negativas, pensamientos, intenciones o emociones. Deposito toda mi confianza en este brillo y atraigo hacia mí lo que más deseo: la paz, el amor, la armonía y la riqueza interior. Únicamente atraigo a mi vida las fuerzas más nobles y más altas. Todo lo demás queda abandonado. Mis pensamientos y mis acciones son conformes a los cinco principios de la fuerza del Reiki. No reacciono a lo que se presenta mejor para mí. Pienso, trabajo y actúo con toda conciencia y en todo lugar.

Confiando en la fuerza que me habita, vivo mi vida en conformidad con mi misión presente. Me he liberado de cualquier karma porque estoy en el corazón de todas las cosas. ¿A quién podría temer en el poder del Sin Nombre?»

La exaltación de un maestro de Reiki consumado

La transformación

«Atisha dijo: sé compasivo. Escucha atentamente, es uno de los mejores métodos. Al inspirar, siente que absorbes la infelicidad del mundo entero. Incorpora la ignorancia, la negatividad, todos los infiernos que arruinan el planeta. Recíbelo todo en el corazón. Inhala la miseria de todos los seres pasados, presentes y futuros. Exhala tu felicidad, tu bienestar, vacíate en la existencia.

Es el método de la compasión: bébete el dolor del mundo y baña el universo con alegrías. El resultado será sorprendente. Cuando te llenas de las maldades de mundo, éstas dejan de ser dolorosas. El corazón las transforma, inmediatamente, en energía. Es una especie de centro de reciclaje: se impregna de sufrimientos y produce serenidad.

A partir del momento en que hayas experimentado este poder mágico, no querrás parar. El método es simple y práctico, y los resultados son inmediatos. ¡Pruébalo en seguida!»

(Osho)

Tratamientos auxiliares

La alquimia de los colores, los cristales y las luminiscencias astrales

Antes del comienzo, reinaba la oscuridad, un dulce caos, una luz negra pura, informe. Las tinieblas llenaban todo el universo. Después apareció la luz blanca pura, inmaculada, fuente de vida, y ese fue el principio de la creación. A partir de ese instante, se estableció una interacción entre la oscuridad y la luz de la que nacieron las luminiscencias astrales, las doce armonías celestes entre el cielo y la Tierra.

Así pues, el que está arriba es como el que está abajo por el milagro de una sola cosa: la vida. La vida es movimiento y el movimiento son las luminiscencias astrales, los arquetipos celestes del cielo y los arquitectos de todas las formas en la Tierra.

Los colores nacen de los intercambios entre la oscuridad (la Madre) y la luz (el Padre). Es importante recordar en el espíritu que la creación es la obra incesante que efectúan la luz y las tinieblas. La relación entre estas dos energías nunca es fija, evoluciona permanentemente. La creación jamás está terminada, se perfecciona a través de los colores de los diferentes reinos: mineral, vegetal y animal. Los colores representan los frutos de esta unión en constante transformación. Corresponden a nuestra naturaleza emocional (estados del alma) y pueden vivificar nuestra manera de pensar y actuar en el mundo. La intensidad de la luz eleva el espíritu y reduce la parte oscura de nuestro cuerpo para poder alcanzar la curación total.

Propiedades de las doce luminiscencias astrales

~~~~~~~~ *Número:* 1 ~~~~~~~~~

Nombre: India Antigua
Signo astral: Acuario
Color: Magenta
Piedra: Cristal de roca
Inteligencia: Serafines

Planeta:	Urano
Fragancias:	Lavanda, pino, ciprés

Ayuda a superar nuestros límites, a dejar atrás el pasado, protege el amor verdadero y permite vivir mejor el momento presente. También es útil en caso de depresión o de pérdida de las señales internas, tanto a nivel afectivo como espiritual.

~~~~~~~~~~ *Número:* 2 ~~~~~~~~~~

Nombre:	**Agua Oceánica**
Signo astral:	Piscis
Color:	Carmín (Rosa)
Piedra:	Cuarzo rosa
Inteligencia:	Iniciadores
Planeta:	Neptuno
Fragancias:	Sándalo, clavo, nuez moscada

Favorece las relaciones sociales, la comprensión, la compasión, apacigua las penas del corazón y ayuda a encontrar el auténtico amor. Este color nos ayuda a aprender a querer nuestro cuerpo y aleja todo lo que nos causa prejuicios.

~~~~~~~~~~ *Número:* 3 ~~~~~~~~~~

Nombre:	**Fuego de Egipto**
Signo astral:	Aries
Color:	Bermellón (Rojo)
Piedra:	Rubí
Inteligencia:	Virtudes
Planeta:	Marte
Fragancias:	Canela, cedro, enebro

Da coraje para enfrentarse a la vida, refuerza la autoestima y la confianza en uno mismo, permite afirmarse mejor, confiere autoridad, mejora la memoria y la toma de decisiones. Nos procura un calor beneficioso y nos ayuda a encarnarnos mejor y a vivir el momento presente.

Manual completo de Reiki, sistema Usui

~~~~~~~~~ *Número:* 4 ~~~~~~~~~

Nombre:	**Siena Quemada**
Signo astral:	Tauro
Color:	Naranja
Piedra:	Berilo
Inteligencia:	Fuerzas
Planeta:	Vulcano
Fragancias:	Pachulí, tomillo, cardamomo

Devuelve la fuerza, la alegría de vivir, ayuda a sentir las emociones, a superar nuestros límites, a ser pacientes, a construir en el momento presente y armoniza cuerpo y espíritu. Es un poderoso factor de entusiasmo y creación.

~~~~~~~~~ *Número:* 5 ~~~~~~~~~

Nombre:	**Oro de los Sabios**
Signo astral:	Géminis
Color:	Amarillo, oro
Piedra:	Topacio dorado
Inteligencia:	Medianos
Planeta:	Mercurio
Fragancias:	Poleo, ciprés, pachulí

Favorece el aprendizaje, los estudios, la comprensión, el don de cada uno, el conocimiento de las cosas ocultas y la reconciliación con la vida. Este color aporta un poco de luz al cuerpo porque provoca una metamorfosis psíquica y física.

~~~~~~~~~ *Número:* 6 ~~~~~~~~~

Nombre:	**Sol del Corazón**
Signo astral:	Cáncer
Color:	Amarillo limón
Piedra:	Citrina
Inteligencia:	Principado
Planeta:	Luna
Fragancias:	Bergamota, limón, anís

Ilumina lo que está oscuro, mejora la inteligencia de corazón, favorece la confianza en uno mismo y en los demás y despierta el amor romántico (luz de luna). Calma las angustias, da lucidez y desarrolla el sentido de la reflexión.

~~~~~~~~~~ *Número:* 7 ~~~~~~~~~~

Nombre:	**Aurora de Verano**
Signo astral:	Leo
Color:	Amarillo, verde
Piedra:	Olivino
Inteligencia:	Arcángeles
Planeta:	Sol
Fragancias:	Limón, mirra, eucalipto

Estimula la creatividad, las invenciones, la alegría de vivir y confiere confianza en uno mismo. Muy refrescante, tónico, regula el sistema nervioso. Este color favorece a un gran espíritu, la promesa de una vida mejor y un verano de alegría.

~~~~~~~~~~ *Número:* 8 ~~~~~~~~~~

Nombre:	**Tierra de Esmeralda**
Signo astral:	Virgo
Color:	Verde
Piedra:	Esmeralda
Inteligencia:	Hombre
Planeta:	Tierra
Fragancias:	Romero, naranja, nuez moscada

Favorece la curación, hace subir la moral, atrae las oportunidades amorosas, equilibra el Yin y el Yang del cuerpo. Procura una visión mejor, favorece el sueño, revitaliza el corazón y mejora sensiblemente la memoria (pasada).

~~~~~~~~~~ *Número:* 9 ~~~~~~~~~~

Nombre:	**Aurora de Verano**
Signo astral:	Libra

Color:	Turquesa
Piedra:	Turquesa
Inteligencia:	Ángeles
Planeta:	Venus
Fragancias:	Salvia, lavanda, menta

Procura un gran sustento interior, favorece la palabra, la expresión de los sentimientos, aclara el pensamiento, desarrolla el don de la clarividencia, aligera el corazón y concentra las energías dispersas. Permite la concentración en los niños hiperactivos y el descubrimiento de nuevas señales internas.

~~~~~~~~~~ *Número:* 10 ~~~~~~~~~~

Nombre:	**Cielo de Ultramar**
Signo astral:	Escorpión
Color:	Azul cobalto
Piedra:	Sodalita
Inteligencia:	Dominaciones
Planeta:	Plutón
Fragancias:	Menta, mejorana, tomillo

Despierta lo sagrado del cuerpo, permite aceptar lo que llega en cada momento (karma), tomar una nueva dirección, ver un nuevo horizonte. Permite quererse mejor y querer a los demás, mejora la concentración y el abandono de las viejas señales.

~~~~~~~~~~ *Número:* 11 ~~~~~~~~~~

Nombre:	**Espacio Interior**
Signo astral:	Sagitario
Color:	Índigo
Piedra:	Lapislázuli
Inteligencia:	Querubines
Planeta:	Júpiter
Fragancias:	Jengibre, albahaca, clavo

Da energía mental, alegría, esperanza, voluntad y reduce la hipersensibilidad, la depresión y elimina la melancolía. Es propicio para despertar la sed de aventuras, la búsqueda de placeres sanos y el reencuentro con nuestro guía interior.

~~~~~~~~~ *Número:* 12 ~~~~~~~~~

Nombre:	**Amor Incondicional**
Signo astral:	Capricornio
Color:	Violeta
Piedra:	Amatista
Inteligencia:	Tronos
Planeta:	Saturno (Isis)
Fragancias:	Cedro, incienso, naranja

Ayuda a liberarse de las dependencias (alcohol, tabaco, drogas), a independizarse, a volar solo, a responsabilizarse y a tomar el camino de retorno a la tierra prometida.

Aplicaciones en uso externo exclusivamente

Existen varias formas de utilizar las luminiscencias astrales en los cuidados para mejorar la salud del cuerpo y el bienestar. Según el color que se utilice, las energías van de 8,5 a 11 (siendo 7,5 el valor de la buena salud). En cuanto a los colores cálidos, el rojo es para la fuerza física, el naranja para la fuerza emocional y el amarillo para la fuerza intelectual. En cuanto a los colores fríos, el turquesa favorece la expresión, el color añil la concentración y el violeta ayuda a conectarse con las esferas superiores. El verde se sitúa entre los dos, equilibra las energías del cielo (cabeza y espíritu) y las de la Tierra (cuerpo y materia).

Con el Reiki

Aplicar en las manos una de las doce luminiscencias, ya sea a partir del signo zodiacal de la persona tratada o haciéndole coger una carta de una baraja. El terapeuta se untará las manos, así como las manos del paciente, y eventualmente también algunas partes del cuerpo. Es una excelente preparación para el Reiki.

Importante: no empezar nunca la sesión de Reiki antes de que las energías de las luminiscencias hayan penetrado en el cuerpo (de doce a quince minutos).

Con la medicina china

El masaje de los puntos de acupuntura en shiatsu permite reequilibrar el Shen y el Tchi en el organismo. Hay que aplicar, con el dedo pulgar siguiendo el recorrido del meridiano o de los vasos sanguíneos, una de las doce luminiscencias astrales. Conviene hacerlo en ambas partes del cuerpo para respetar la polaridad (yin y yang).

Con el masaje del cuerpo

Los distintos tipos de masajes terapéuticos, como el deportivo, el nutritivo o el linfático, permiten estimular, armonizar o calmar al aplicar una u otra luminiscencia astral. Es recomendable mezclar el color (bastan tres o cuatro gotas) con un aceite neutro, como el de almendras suaves.

Con la reflexología

Aplicar directamente en los pies y las manos la luminiscencia astral que corresponda al tipo de problema que sufra el paciente. El resultado es sorprendente.

Con la reflexocromía

Las luminiscencias astrales permiten sustituir los filtros coloreados de la cromoterapia. Basta con repartir bien el color por una zona (por ejemplo, la planta de los pies) y proyectar una luz neutra (blanca) sobre la zona a tratar. Duración de la exposición: de 15 a 35 minutos.

Con la polaridad

El mismo principio que para la reflexocromía.

Con los colores

La terapia por luminiscencias astrales permite aumentar nuestra capacidad de visualizar, conceptuar y fijar un color en el espíritu. Al observar una luminiscencia astral a través de la llama de una vela, el color actúa directamente sobre la retina y transmite al espíritu un reajuste de las energías, reestableciendo la polaridad en el cuerpo. Duración del ejercicio: de 10 a 20 minutos, dependiendo del objetivo.

Otras aplicaciones

Cuidados mediante el baño

Dos o tres gotas en el baño permiten una rearmonización de las energías. La duración del baño debe estar entre los diez y los veinte minutos.

Cuidados mediante la difusión de aromas

Verter entre tres y seis gotas en agua y dejar que el difusor de aromas produzca el efecto terapéutico a través de la fragancia que hayas escogido. Duración: entre 5 y 10 minutos en relajación alfa.

Cuidados mediante la visualización

Elegir la calidad que deseamos desarrollar o la mala costumbre que queremos abandonar utilizando una de las doce luminiscencias astrales. A continuación, observar el color a través de la luz del sol durante diez minutos sin pestañear.

Atención: nunca mirar fijamente al Sol.

TERCER NIVEL DE REIKI B
Maestro enseñante

El árbol de la vida, del mundo, de la acción y de la realización

El paso del poder al acto

El paso del espíritu, emanación pura, infinitamente transparente y muy poderosa, no puede legislar o manifestarse en el mundo material sin pasar por la creación (el pensamiento reflejado) y la fuerza de la formación a través de las aguas matriciales (emociones). Ninguna materia puede tener forma sin los mundos mental y astral. La luz desciende y se disfraza de diez mil maneras distintas para enseñarle al hombre su verdadera naturaleza.

Lo que está abajo como lo que está arriba...

El reino de la tierra es la Tierra Prometida. La luz del infinito se manifiesta en el mundo a través de sus múltiples formas y colores; objetos surgidos de todos los niveles creadores del universo, desde los arcángeles (los arquitectos) y los ángeles (los rectores) hasta el hombre (el artesano). En el Reiki, el terapeuta debe estar abierto hacia arriba, hacia el medio y hacia abajo.

Este triple punto de vista es necesario para entender los lazos que existen entre lo finito y lo infinito, entre la materia y el espíritu. Este lazo es el hombre lleno de todo lo que hemos dicho desde el primer nivel de Reiki hasta ahora, y todavía hay más.

Por lo tanto, para que en este mundo tenga lugar una acción, es necesario que la cabeza y el corazón del hombre emanen una idea, que el pensamiento la haya organizado, estructurado, que el corazón desprenda suficiente entusiasmo y confianza en sí mismo para que labios, corazón y miembros superiores e inferiores se pongan en movimiento para exteriorizar la intuición que ha germinado en el espíritu.

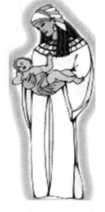

Este es el proceso de la creación, del poder al acto o a la manifestación.

«Y el verbo se hizo carne.»

Meditación generativa

«Al principio, el espíritu de Dios planeaba sobre las aguas y les insufló la vida.»

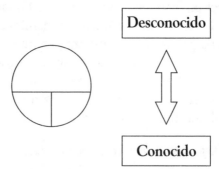

Es el lago tranquilo que todos debemos descubrir en nosotros, sin olas ni movimiento para hacer renacer una nueva vida, un nuevo hálito. El espíritu es nuestra conciencia suprema; las aguas, la matriz de nuestros deseos, las formas de todo lo que está por llegar; el hálito, el ritmo cósmico de nuestra respiración.

La meditación es un apoyo que nos sirve de puente para entrar en contacto con la parte más profunda de nuestro ser. Lo desconocido sigue siendo un misterio para lo conocido, igual que lo invisible siempre será algo inmaterial respecto a la materia. La conciencia es el único punto de unión que nos permite comprender el todo que nos habita.

Muchas personas se imaginan que pueden encontrar la inmortalidad desde el exterior. El hombre, en esencia, ya es inmortal; su misión consiste en revelárselo a él mismo a través de su actividad cotidiana.

Tres en Uno

Ejercicio:

Encuentra tu centro prestando toda tu atención al centro de tu ser.
Duración: entre 15 y 20 minutos al día.

El hombre debe despertar y darse cuenta que, antes que nada, es un espíritu puro, que su cuerpo no es más que la representación exterior de su nivel de conciencia. El objetivo es reconectarse con las diferentes partes de su ser, las que dispersó en el momento de descender al mundo material.

Curación espiritual

La curación espiritual no tiene ningún tipo de relación con la religión; todo lo contrario, tiene una afiliación directa con el espíritu superior que descansa en nosotros. Este espíritu es nuestro yo superior, la parte oculta, lo desconocido y, en el universo, corresponde al vacío sideral.

Sin embargo, el espíritu no puede actuar sin la energía transformadora y fecundadora del alma, de lo que nos une a todos con la naturaleza, con el microcosmos que nos habita y con el conjunto del universo, el macrocosmos.

Todo es Uno

«Lo que le haces al más pequeño de vosotros,
me lo haces a mí» J.C.

Hay que entender que lo que hacemos aquí abajo tiene una repercusión directa e inmediata en el cielo, y viceversa. El cielo es nuestro inconsciente y la Tierra, nuestro consciente. El alma es el puente de unión entre los dos. Lo que no conocemos, para nosotros no existe y, sin embargo, actúa sobre nosotros porque somos Uno. Si nos quedamos en la superficie, en lo conocido, sólo vemos un pequeño porcentaje (1%) de la realidad.

El espíritu es nuestra verdadera naturaleza y necesita tomar conciencia de su dimensión real. Las experiencias que vivimos construyen nuestra conciencia, no nuestra vida. El espíritu es inmortal pero la conciencia no lo sabe; necesita que la despierten para verse reflejada en el espejo de la materia.

La materia es una emanación del espíritu y, por lo tanto,
es indestructible en su esencia porque forma Un solo ser
con el espíritu.

«El hálito de Dios planeaba sobre la Aguas»

El hálito está asociado al aire y la Aguas a la materia primordial que ya existía mucho antes de la creación.

Así pues, la curación espiritual es posible cuando el ser se despierta y percibe su grandeza y su poder interior.

El pensamiento positivo o constructivo sólo representa un polo del espíritu. Mientras el cuerpo y el espíritu no se unan me-

234 *Manual completo de Reiki, sistema Usui*

diante la fuerza del alma, la curación seguirá siendo parcial e incierta.

La salud real es la transmutación de la materia. Del infinitamente inconsciente al infinitamente consciente. Esta es la principal búsqueda del alma; la curación espiritual es el regreso a la Tierra Prometida.

A continuación, te ofrezco un extracto de la filosofía del abate Tritemo:

«El arte de la magia divina reside en la facultad de percibir la esencia de las cosas bajo la luz de la Naturaleza (la luz Astral), en el empleo del poder del alma y del espíritu, para poder producir cosas materiales sacadas del universo invisible y en las operaciones, ya que lo de Arriba y lo de Abajo tienen que reunirse y actuar en armonía. El Espíritu de la Naturaleza, la Luz Astral, es una unidad que crea todas las cosas y, con la cooperación del hombre, puede producir cosas maravillosas.

»Estos procesos se completan conforme a la ley de la creación y la armonía. Cuando aprendas a conocerte a ti mismo aprenderás a conocer esta ley, en virtud de la cual todas estas cosas se cumplen.

»La conocerás gracias al poder del espíritu que reside en ti y te someterás a ella uniendo tu espíritu a la esencia que brota de ti. Si quieres salir victorioso de ésta, necesitarás saber el modo de separar el alma astral que hay en ti y hacerla tangible, y entonces la sustancia del alma será visible y tangible, y objetiva para el poder del espíritu.»

Párrafos extraídos del saber de la gran obra alquímica: la piedra de los sabios o del poder de curación por el espíritu o el Yo superior.

Hay que saber que los dos elementos que nos relacionan son el aire (viento), asociado al cielo, y el agua, asociada a la tierra. El viento y el agua actúan el uno sobre el otro y así, por ejemplo, el viento provoca las olas y las variaciones de temperatura del agua provocan el viento. Estos elementos simbolizan el padre y la madre, son las dos fuerzas primarias de la naturaleza. Este hálito cósmico es omnipresente en el universo, produce el Yin y el Yang en perpetua mutación y en incesante circulación.

El viento y el agua se infiltran y penetran por todas partes; están constantemente en movimiento a menos que se vean bloqueados por un obstáculo, como nuestras creencias y limitaciones sobre la vida y la naturaleza.

Las siete claves de la curación espiritual

1. Una fuente infinita: la unidad

Una inagotable fuente fluye por debajo de nuestros pies, fuente de toda vida, de toda manifestación y, sobre todo, de toda esperanza. Conviene, a cada instante de nuestra vida, sumergirse en ella para recibir la fuerza, la dirección a seguir durante cada segundo del resto de nuestro tiempo.

Este «comienzo» está dentro de las fronteras de nuestro cuerpo o nuestro espíritu. Es un agua generadora de bondad, de quietud, de riqueza infinita, y sólo espera nuestra señal. Este tesoro se disimula en cada una de nuestra células, en cada fibra de nuestro cuerpo y nos murmura en voz baja una melodía sobre el recuerdo de nuestro glorioso ser incorruptible.

Es posible que sintamos este sobresalto como una angustia si el velo que separa nuestra percepción de lo invisible es demasiado opaco. Sin embargo, también es cierto que, a veces, la opacidad de este velo ofrece protección contra ese mundo, pero también se convierte en un inconveniente para la sensibilidad a la luz astral.

Para poder percibir el canto, el ritmo infinito que mece el espacio de nuestro universo, hay que prestar atención al flujo y al reflujo de nuestra respiración; un espejo de lo más parecido a las armonías celestes.

Método práctico:

- Refúgiate en algún rincón tranquilo, sereno, escucha el silencio o una música suave, con la espalda bien recta apoyada en un árbol o una pared. Este apoyo hace las funciones de antena y permite sentir cómo las energías de la Tierra y del cielo circulan por tu espalda.

- Concéntrate, entre 30 y 90 minutos, en el ritmo respiratorio; no te distraigas en pensamientos o imágenes, ni por los cantos de sirena del futuro ni por los recuerdos del pasado; concéntrate únicamente en inspirar y expirar.

- Cuenta cada respiración, lentamente, hasta trescientas. Siente la armonía que, suavemente, empieza a nacer. Una dulce brisa de paz interior te invade los riñones, el corazón y, por último, el espíritu.

- Para empezar a notar los beneficios de este poder que se despierta en ti y que estimula la fuerza vital de curación del Reiki es necesaria una práctica continuada de entre uno y tres meses, a razón de una hora al día.

No voy a describir las sensaciones producidas por esta meditación para que cada uno se fije en el ritmo cósmico interno en lugar de concentrarse en la técnica propiamente dicha.

Las distintas dificultades:

Por la mañana, los pensamientos son muy intensos y, por la noche, tenemos que luchar contra el sueño, que se convierte en nuestro mayor enemigo. La salivación y la producción de fluidos corporales aumentan, pero estos efectos desaparecen después de varias semanas de prácticas.

Hay que recordar que este método consiste en volver a las raíces más profundas de la propia fuente de la vida; es una reserva de posibilidades infinitas, pero la esfinge (el guardián del velo) está sorda durante mucho tiempo y pone a prueba la determinación a nuestra voluntad.

2. El intercambio, el don

El don es la energía más bonita, lleva el vestido de la simplicidad, de la rectitud y de la humildad. Es la fuerza del intercambio entre el cielo y la Tierra, se alimentan entre sí, son interdependientes, como el Yin y el Yang. Son dos energías distintas que, sin embargo, comparten la misma fuente: uno es el fuego y el otro, el agua. Uno no puede existir sin el otro; el sol no puede producir nada sin la dulce untuosidad del agua y ésta permanecería inerte sin el calor del primero.

Para lograr el milagro de una sola cosa (la vida consciente, la corona de la creación), lo que está arriba es igual que lo que está abajo. Para recibir esta corona en la cabeza, el hombre debe estar continuamente en búsqueda de la evolución espiritual, debe iluminar lo que está oscuro y purificar lo que todavía no ha alcanzado la perfección de la creación.

Este movimiento perpetuo no empieza en el momento del nacimiento y no termina con la muerte. Soy antes de nacer y seguiré siendo después de morir. Atravieso las estaciones de la vida igual que los cuatro elementos atraviesan la naturaleza y mantienen el equilibrio en todas las cosas.

Cada vez que me cruzo con alguien, saludo a otra parte de mí. Hoy he aprendido que el otro es una expresión de mí mismo, un reflejo de la luz; y del mismo modo que el espejo refleja mi apariencia externa, el otro refleja mi parte desconocida, un potencial ilimitado de energía, de abundancia y de misericordia.

El cuerpo, el alma y el espíritu forman parte de un mismo ritmo, de una misma fuente de energía y, por eso, si entendemos esta circulación entenderemos nuestro sistema circulatorio. No es casualidad que la principal causa de muerte en Occidente sean los problemas cardiovasculares.

¿Qué es lo que impide que las energías circulen libremente si no nuestros límites, creencias y certezas? Reprimir es morir un poco cada día, construirse una barrera. Para seguir viviendo, esta reserva de energía, almacenada de manera inconsciente, tendrá que romperse algún día. Este desgarro se produce allí donde somos más vulnerables: en las emociones, una fuente de energía inconmensurable.

Esta fuerza, en realidad, no viene del exterior ni del interior. Viene cuando la utilizamos, estemos activos o pasivos, se manifiesta con forma de idea, sed, expresión,... Busca un ejecutor natural para manifestarse y tomar forma y, si no lo encuentra, utiliza el cuerpo como receptáculo. Precisamente, la enfermedad es un efecto exutorio; la energía se cristaliza en la geometría del universo

orgánico, busca atraer nuestra atención hacia lo esencial de la vida: el movimiento.

En una relación, cada intercambio forma parte de un paradigma: dar y recibir, el don más precioso que la naturaleza nos ha dado. Para dar, hay que querer al otro y, para hacerlo, hay que empezar por quererse a uno mismo.

En realidad, sólo puedo dar lo que soy; así, si creo que no valgo nada, doy nada; y si creo que el otro no es merecedor de mi don, todavía soy menos que nada. El don no necesita ninguna razón de ser. Dar es recibir de lo desconocido, del otro, de la parte superior a uno mismo.

Cada vez que doy algo, recibo algo a cambio y cuánto más doy, más recibo de ese desconocido, de mi Yo invisible.

Cuánto más don hago de mi persona, más recibo del universo infinito. Es una fuente inagotable de sabiduría y amor.

Puedo dar incluso si no tengo nada porque, ante todo, dar es un acto de creación, y así lo demostraron los antepasados. Al dar, creo una energía; cuando camino me desplazo por un campo magnético y cuando creo algo, participo de la transformación de mi universo inmediato y lejano.

Lo que puedo dar es un pensamiento y un gesto de amor, una oreja atenta y una palabra de apoyo.

Calcula cuánto amor, cuánta luz o cualquier otro tipo de alimentación energética das en un día a ti mismo y a los demás y comprenderás uno de los secretos de la naturaleza: el don de dar y recibir la vida.

Ejercicio para cambiar de actitud:

Cada día, crea diez pensamientos de amor, respeto y gratitud hacia diez personas distintas y nunca más te volverás a sentir débil y abandonado.

3. El karma (el instante presente)

Hoy en día, la noción de karma todavía conlleva una connotación negativa, algo que intento olvidar, y es que se relaciona con la creencia de la reencarnación.

La ley del talión de los judíos es muy conocida, igual que el dicho: «recoges lo que siembras». Toda cultura basada en la noción del bien y del mal interpreta la ley universal de la causa y el efecto como una maldición cuando, en realidad, es el resultado de un don que Dios le ha dado al hombre: convertirse en su imagen y semejanza.

La conciencia universal

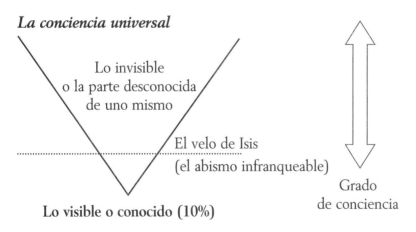

El karma es, pues, un vector de crecimiento y evaluación de la conciencia, y no un castigo de alguna entidad divina. Es un instrumento que nos ayuda a evolucionar, a ser cada vez más conscientes de nuestro ser total, aunque está escondido detrás de un velo tan fino que nadie lo ve.

Este velo está para protegernos, y no para perjudicarnos. A medida que nos vamos realizando espiritualmente en esta Tierra, va desapareciendo. La tierra de nuestro cuerpo es la tierra individual que tenemos que conquistar.

Cada vez que franqueamos una etapa en la vida, una parte de nosotros muere para permitir que lo nuevo, lo desconocido, se revele en el interior del corazón, del espíritu y en el interior del cuerpo físico. Cada paso oculta una nueva promesa por venir. Retener ese paso es negarse a responsabilizarse de uno mismo, a verse como un ser completo y, en ese caso, la enfermedad se convierte en un refugio sin salida.

El karma es la reserva del alma, está unido a la gran causa original, nos mantiene en la buena dirección igual que el magnetismo terrestre conduce a los pájaros a tierras más cálidas, de acuerdo con sus instintos.

El sufrimiento que suele resultar no es un castigo, sino el nacimiento de una nueva energía, de un yo crecido después de una dura prueba, de un mayor libre albedrío. La intensidad y la localización del dolor dependen del punto de referencia que nos guía hacia nuestra realización.

A menudo, hablamos de este punto de referencia como el punto débil cuando, al contrario, constituye la piedra angular que nos permitirá construir un nuevo templo, una tierra prometida, nuestro cuerpo físico. Esta piedra nos permite tomar conciencia de nuestras elecciones, de nuestra responsabilidad en esta Tierra y en todo el universo.

> **«Cuando Uno es herido, lo son todos, y cuando Uno es ayudado, lo son todos.»**
> **«Lo que haces a la más pequeña de mis criaturas, me lo haces a mí.»**

Así pues, este vector de crecimiento, nuestro karma, nos guía en el laberinto de la vida, nos permite orientarnos mejor y descubrir nuestros orígenes, nuestra verdadera naturaleza espiritual.

En cuanto a la reencarnación, los hay que se apresuraron a decir: «tú has elegido, es tu karma». Es cierto que el alma elige a sus padres, aunque no tanto en apariencia externa, ya sea a nivel material (riquezas) o cultural (religioso, político y social), como en la trama más oculta, que permitirá que el alma escoja lo esencial de la vida, que es el despertar de la conciencia global.

En la actualidad, en la mayor parte de los casos, el hombre no escoge, reacciona por reflejos condicionados, por costumbres, no ve y, sobre todo, no entiende el sentido oculto de las cosas. Necesitará tiempo, es decir, un poco de sabiduría, para entender lo que se le viene encima.

Es conveniente observar los pensamientos y las emociones que surgen en la toma de una decisión; la impresión que nos dejen nos ayudará a tomar la decisión correcta.

El miedo suele estar presente, y es muy natural porque nos aventuramos hacia un terreno virgen, un espacio sin explorar para enfrentarnos a una parte de nosotros que nos es desconocida, una zona de sombras, la que recubre nuestra visión interior, el velo de Isis. En las sociedades secretas, los hierofantes sometían al neófito a una prueba para comprobar su valor; hoy en día, en la era del Acuario, la que nos empuja hacia delante es la divinidad interior y, créeme, no es más fácil.

Hace falta valor, sin presumir de las fuerzas, porque eso depende en parte de los límites que el propio condicionamiento nos ha programado de forma involuntaria: karma.

Este miedo, canalizado de forma inteligente, crea una energía formidable, un impulso vital capaz de afrontar todos los desafíos que la vida nos proponga a lo largo de la ascensión hacia la tierra prometida. Este temor es muy saludable para la evolución del alma. Cada paso dado en dirección a lo desconocido es una astilla que retiramos de la planta del pie del otro. Es uno de los primeros secretos de la piedra filosofal.

El valor nos acerca un poco más a la tierra prometida, al encuentro verdadero con lo esencial, con lo más sagrado, lo más seguro. En este nivel, ningún temor puede ya perjudicarnos, las sombras se alejan de nosotros, nos hundimos en una beatitud revivificadora en cada momento.

Es importante escuchar al cuerpo, al alma y al espíritu para tomar la buena dirección. En esta Tierra, nunca alcanzamos un destino definitivo y, por lo tanto, hay que avanzar sin tregua, como la madre naturaleza, altavoz de lo divino manifiesto. Ella sola nos guía, nos aconseja, y es conveniente imitarla para conocer los secretos de la vida y del amor verdaderos.

He aquí tres preguntas que tienes que hacerte para orientar mejor tus elecciones:

1. ¿Me ayudará mi elección a vivir mejor el momento presente y prever el futuro?
2. ¿Estoy en consonancia con mi corazón, mi cuerpo y mi espíritu para tomar esta decisión?
3. Esta decisión, ¿me ayudará a conocerme mejor, a responsabilizarme de mí y a ayudar a los demás?

4. La no resistencia

Todo en la naturaleza es armonía, el arroyo fluye, de manera majestuosa, a lo largo de su cauce, y no pretende competir con el río o la cascada porque sabe que es arroyo, río y cascada al mismo tiempo, unidos en una misma conciencia: el océano universal. Sencillamente cambia de apariencia en función de las resistencias que se encuentra por el camino.

El viento sopla, el Sol brilla y la Tierra descansa. Únicamente el hombre se altera en todos los sentidos. Intenta correr más deprisa que el vecino, amasar una mayor fortuna, siempre quiere más de todo y todo con un esfuerzo constante. Gasta una gran cantidad de energía en compararse con los demás en lugar de ser, sencillamente, lo que es: un creador de vida.

Querer controlar a la naturaleza o a los demás representa el mayor desperdicio de energía del hombre. Esta huída, esta búsqueda de lo efímero y la reserva de recuerdos son la búsqueda eterna de la identidad perdida.

Para salir de esta visión, hay que apoyarse en lo único real que tenemos a nuestra disposición: el eterno pasado, el regalo más precioso que la vida nos ofrece a cada segundo.

Para salir de esta dualidad, hay que tener en consideración tres parámetros:

- La abertura a la experiencia o la aceptación.
- La responsabilidad de la propia vida.
- La confianza en uno mismo o la invocación del yo superior en cada uno.

La abertura a la experiencia es lo más bonito que podemos hacer porque, de este modo, jamás nos sentiremos abandonados. A cada instante, renovamos el presente con experiencias más enriquecedoras. La aceptación de lo que se nos presenta en cada momento de nuestra vida, en la situación que sea, representa la mayor sabiduría que el hombre puede alcanzar en esta Tierra. Entiende que luchar contra una situación imprevista sólo la refuerza. Si nos encontramos con tal persona o con tal situación en la vida, es precisamente este tipo de experiencia la que nos permitirá ser un poco más conscientes de nuestro ser.

Así pues, se trata de huir de una situación o de combatirla pero, principalmente, de asumir la responsabilidad de nuestra vida. ¿De qué sirve culpar o injuriar a alguien? Haz de todos tus encuentros verdaderos maestros de aprendizaje de la vida. La realidad sólo es una interpretación y la verdad nunca es accesible a nuestro plan de existencia. Cada encuentro, cada experiencia se convierten en una oportunidad para crecer en sabiduría y conciencia. Que el otro sea un dominador o un protector no importa, porque esto queda en el terreno de la interpretación de la experiencia. Bendigamos ese encuentro, esa oportunidad y pongamos esta situación entre las fuerzas del universo.

Poco a poco, nacerá en nosotros una nueva confianza que, al principio, será tímida y, después, una alegría increíble nos invadirá. Tendremos la certeza de estar en el buen camino y, así, poder recibir el mayor don que existe: la comprensión del proceso de la vida o la piedra filosofal.

Al renunciar a querer juzgar, persuadir y convencer a los demás de la justicia de nuestros propósitos, desarmamos cualquier conflicto en el exterior o en el interior de nosotros. Tenemos que escuchar más, en las cafeterías, en las tiendas, por todas partes donde nos crucemos con el otro, otra parte de nosotros mismos, descubriremos nuestros antiguos esquemas de pensamiento que, progresivamente, desaparecerán para hacer sitio a una profunda paz. ¿De qué sirve querer la paz en el mundo si somos incapaces de entender a nuestros vecinos y a nuestra familia? Esta es una de las llaves de la paz mundial.

Cada día, toma la determinación siguiente:

- «Hoy me libero de la carga que incumbe el juicio sobre mí mismo y los demás. Si alguien emite una opinión diferente, opuesta a la mía, no intentaré defenderme porque sé que el otro también forma parte de mí.»

- «Hoy, si surge una situación estresante, daré las gracias al dios del universo que hay en mi interior, porque intenta atraer mi atención hacia una nueva experiencia llena de promesas y nuevas oportunidades.»

- «Hoy mantendré la sonrisa en todas las situaciones en las que me coloque la vida, daré gracias a la vida que me da fuerzas y bendeciré el encuentro con el desconocido que llevo en mí.»

5. La regeneración

Para permitir una regeneración del cuerpo y del alma, hay que aplicar el poder ilimitado del espíritu. El espíritu es, al mismo tiempo, subjetivo y objetivo. Somos subjetivos en los pensamientos, las emociones del pasado y las visiones del futuro. Y somos objetivos cuando actuamos en el momento presente. El principal atributo del tiempo cuántico es la conciencia y ésta posee dos características que trabajan conjuntamente.

Una es la atención, que tiene el poder de focalizar la energía concentrándola en cualquier cosa, aplicando una vigilancia muy particular que llamamos observación. Por lo tanto, la atención es un amplificador de energía. Necesita un acto deliberado, la voluntad de cumplir algo que esté en concordancia con uno mismo y con los principios universales. Esta llave es la intención, porque ella sola es capaz de transformar o transmutar una energía en materia organizada.

El potencial infinito que poseemos, en tanto que seres humanos, es emitir una intención, un deseo en la tierra fértil del espíritu. Si lo invocamos, llamamos al poder supremo de transmutación que todos poseemos. El poder de cambiar el cuerpo físico por un cuerpo de gloria. Una regeneración total de energías concentrando la conciencia en el instante presente por la atención (objetivo) y la intención (subjetivo).

Creemos, injustamente, que el espíritu objetivo es superior al subjetivo. El primero desea y concibe el proyecto, y el segundo focaliza esa información sobre la materia para que adquiera forma, igual que el arquitecto y el albañil. El uno necesita al otro, y viceversa.

> **Igual que la luz necesita a la tinieblas para manifestarse, las tinieblas necesitan a la luz para expresarse.**

Si reducimos el Sol, una pieza de oro, un cuerpo humano, un cristal, una planta, una conversación o una simple partícula atómica a su primer componente, sólo encontraremos energía: la famosa primera materia de los alquimistas.

La única diferencia entre un animal, una planta, un mineral y un ser humano está en la inteligencia que ordenó esa materia, es el contenido informático que hay en el interior bajo la forma de patrones energéticos que los constituyen por separado.

En cuanto a la energía en el momento presente, a cada segundo somos capaces de conseguir mayores logros. Este fenómeno se consigue a través de la meditación; si queremos meditar y nos concentramos en el instante presente, el noventa por ciento de los obstáculos se transforman en una oportunidad de crecer gracias a una intención mantenida el mayor tiempo posible.

Para que la intención ejerza su poder de transformación o de regeneración, debe ir unida a la atención que focaliza la energía en una dirección determinada. Si la atención disminuye, la intención del momento presente pierde fuerza y palidece o se retira del espíritu.

Por lo tanto, al aprender a dominar nuestra atención (el intelecto de los cabalistas), generamos una intención en nosotros mismos (el poder inventivo de la imaginación creadora), que es nuestra parte divina o nuestro yo superior, y podemos realizar las cosas más bonitas en esta vida.

Sin embargo, esta intención, este deseo, sólo puede producirse si nos desligamos del resultado y si es acorde a nuestro ser y a las leyes del universo.

El método en tres etapas:

1. Deslízate entre los dos mundos (el cielo y la Tierra), siente ese espacio en tus pensamientos (cielo) y en tu cuerpo (Tierra), a continuación entra en el ritmo cósmico que es tu propio centro. Una profunda y silenciosa calma se instalará en tu corazón. Sigue el ritmo de tu respiración y penetra en tu ser misterioso.

2. Cuando hayas alcanzado este nivel de conciencia, deja fluir, de lo más profundo de tu alma, tu voluntad divina, tus intenciones y tus deseos, y deja que atraviesen el velo que cubre el abismo. Es un extraño sentimiento de vacío sideral, una especie de vacío mental, porque eres testigo de tus pensamientos y tus intenciones. Entonces, cuando el silencio parezca un espejo, un lago sin olas, deja caer un pensamiento germen y este fértil mar se activará para que tu pensamiento adquiera forma material.

3. A continuación, deja que el tiempo siga su curso, no quieras precipitar nada, deja que tu naturaleza interior fluya. Aprende a familiarizarte con lo desconocido que habita en ti y que te conduce a verdes prados. No intentes forzar el paso, observa la naturaleza, todo llega a su tiempo. Al reencontrarte con tu ritmo natural, aprendes a conocerte mejor y a familiarizarte con lo incierto que procura fuerza y valor en la vida.

6. Dejar atrás el pasado en la acción

Para recibir los regalos del universo, es necesario, antes que nada, deshacerse de ellos y no querer controlar el resultado. Dicho de otra manera: si queremos recibir algo de lo infinito, hay que deshacerse de lo finito o conocido.

La vinculación, la posesión y la avaricia se construyen sobre el miedo a perder lo que ya se tiene, lo conocido. Esta inseguridad proviene de nuestra identificación con las apariencias de las cosas y las personas, en lugar de prestar más atención (energía) e intención (transformación) a lo esencial, lo que jamás muere: el momento presente.

El retorno a la curación y a la fuente de salud no está en lo conocido, sino en lo que lo hace aparecer: lo desconocido, el infinito océano de abundancia. Nuestra necesidad de reconocimientos externos nos empuja a querer conseguir constantemente cosas nuevas, cosas mundanas que nos tienen prisioneros de las apariencias.

Una vida auténtica y rica en experiencias, grandeza, misericordia y paz necesita una apertura a lo incierto, a lo invisible que nos habita, al potencial que nunca falla y que se renueva a cada instante.

El mundo de hoy día está obsesionado con la seguridad. Esta búsqueda desesperada crea la separación entre lo infinito y lo finito y provoca un perpetuo sentimiento de pérdida. Como nuestro espíritu es infinito, centrar nuestra atención únicamente en lo visible crea en nosotros la necesidad de obtener siempre más para apagar la sed que se expresa en forma de falta de unidad.

Esta separación de la parte más noble del ser humano crea una tensión insostenible y provoca todos los estragos y excesos que podemos constatar en nosotros y a nuestro alrededor.

Esta búsqueda exterior de la felicidad no resiste el paso del tiempo y siempre termina haciendo sufrir a su autor y lo conduce, fatalmente, al sentimiento de abandono y soledad porque se ha separado de su fuente. Todo arroyo, por grande que pueda hacerse en la Tierra, verá cómo su expresión desaparece de inmediato si se separa de su fuente.

Y para nosotros, que somos infinitos en nuestros orígenes, no podría ser de otra forma. Hoy día, todos estamos separados de la mejor parte de nosotros mismos.

Lo desconocido se convierte en el fermento de la vida para el que alcanza el rango de sabio; es un campo fértil que se renueva constantemente para él y para los demás.

Los sufrimientos que experimentamos a lo largo del camino espiritual son el síndrome de la separación de la parte más profunda del ser. La conciencia superior que nos guía es lo que somos desde las primeras emanaciones de la creación universal.

Sin embargo, esta comprensión y este despertar nunca nacen a partir de un análisis intelectual, sino que vienen de la experiencia renovada incesantemente, son un auténtico alimento para el alma y el espíritu. Nuestro cuerpo, el continente de lo desconocido, metamorfosea lo conocido y se transforma a merced de nuestras intenciones y de nuestra atención dirigida hacia lo esencial.

Lo visible no puede nunca, por su expresión, alcanzar lo invisible, porque no es más que una ínfima emanación de la unidad. Es obligatorio caminar entre los dos mundos, sin cansarse, sin volver atrás para percibir el potencial infinito que nos habita.

Así, cada confrontación con la realidad presente nos ofrece la oportunidad de abrirnos a un nuevo horizonte, encontrar un nuevo espacio, pisar nuevas tierras vírgenes que yacen entre las sombras del inconsciente. Cada obstáculo que nos encontramos encierra el germen de una vida nueva, igual que la semilla se transforma en planta o en árbol dependiendo de la información que contenga.

Al despertar el lado oscuro o desconocido de nuestro ser, descubrimos una gran riqueza interior de la que podemos beber indefinidamente. Sin embargo, demasiado a menudo no buscamos más que perdurar en el pasado, en lo conocido y rechazamos la mano que nos tiende nuestra guía interior, nuestro yo superior, el regalo más preciado que sólo pide manifestarse.

> **La sombra no es una verdad encubierta o una media verdad; es un aspecto oscuro de la conciencia, una zona inexplorada de nosotros mismos, allí donde justamente necesitamos ir para encontrarnos con la globalidad del SER.**

El camino hacia la unidad es nuestro último objetivo, es el retorno a una tierra totalmente virgen, inmaculada, construida con la mayor de las fuerzas: la humanidad camino de la unidad.

Método para aprender a deshacerse de lo conocido:

- **Hoy** no intentaré dominar mi destino con la mente, con lo conocido; no observaré las apariencias como algo real, sino como manifestaciones oportunas para mi camino espiritual.
- **Hoy** confío en la parte desconocida en mí, avanzaré sabiendo que soy visible e invisible al mismo tiempo, que lo conocido sólo es la expresión visible de mí mismo y del universo.
- **Hoy** me comprometo a descubrir lo desconocido en todas sus formas y, en función de mi capacidad de discernimiento, actuaré con las nuevas fuerzas que nacen de la inseguridad.
- **Hoy** entro en un nuevo campo de conciencia, manteniéndome totalmente abierto a mis intuiciones y mi entorno; dejaré que la naturaleza me guíe en mi camino exterior.

7. Una nueva Tierra

Es necesario descubrir la razón de nuestra vida en esta Tierra para poder construir algo que nos permita realizarnos completamente. Cada uno de nosotros posee un don particular, un talento único, una expresión que nos es propia estemos donde estemos y seamos lo que seamos.

Toda persona está en esta Tierra para encontrar su verdadero yo, su yo superior. Estamos en el origen de los seres espirituales, sean cuales sean nuestra religión y nuestras creencias, y esa espiritualidad debe revelarse, manifestarse en cada instante de nuestra vida.

Recuerda: el instante presente es eterno, el pasado no es más que un recuerdo y el mañana todavía nadie lo ha descubierto. El futuro se construye en el momento presente y nos corresponde a todos sacarle el mejor partido para cada uno y para nuestro entorno. El cuerpo es, a la vez, nuestro vehículo, campo de experiencias y la nueva Tierra Prometida.

Esta Tierra se revela por la fuerza del espíritu, por la parte que desconocemos. El cuerpo es el reflejo de lo que somos por dentro, y no me refiero al aspecto físico o a la salud, sino a la vida que circula por él majestuosamente, igual que circula por todo el universo. Al encontrar nuestro don único, descubrimos la razón de nuestra existencia y nos facilita, al mismo tiempo, la fuerza y el entusiasmo para realizarnos plenamente.

La actividad no es el motor, sino la energía que llevamos dentro y que se expresa a través de nuestro trabajo.

En un día y una noche, se puede vivir una eternidad mientras que, a veces, en una vida se puede vivir sólo un día.

El método natural y sencillo para realizar tu dharma o tu misión en esta Tierra:

- **Hoy** tomo la firme decisión de descubrir en mí, y a mi alrededor, porqué estoy aquí. Cada noche entraré en mi morada interior para invocar a mi yo superior y le pediré que se manifieste a mi conciencia. Cada noche me acostaré con una oración para mi bien amado, mi parte espiritual y la alabaré fervorosamente.

- **Hoy**, desde el alba hasta el anochecer, invocaré a la luz que me habita y se la daré a cada persona con la que me cruce en mi camino. Bendeciré cada experiencia y mostraré mi reconocimiento hacia todas las manifestaciones de la vida.

- **Hoy**, cada vez que me enfrente a una situación desconocida, mantendré la integridad y expresaré mis sentimientos respetando la situación y las personas que la vida o lo desconocido me presenten.

Iniciación a la maestría del Reiki

Todo empieza por un primer paso, el del abandono de la resistencia, el de la libre elección, el de la búsqueda de la piedra filosofal. La maestría no tiene final, es una evolución perpetua, es el presente a cada instante sin descanso. Este primer paso es el héroe más poderoso hasta el fin de su mandato terrestre.

Así pues, este ritual de iniciación supondrá una gran responsabilidad: ayudar a los demás a encontrar su propio camino interior y exterior.

Posición de futuro iniciado

La posición llamada «del faraón»; es decir, la espalda y la cabeza rectas y las manos juntas sobre el chakra cardíaco.

• Colócate delante del iniciado, concéntrate (cielo y Tierra) a nivel cardíaco, espera un momento y siente cuándo el iniciado está listo para recibir su primera iniciación a la maestría Reiki.

- A continuación, arrodíllate tocando su rodilla izquierda y di: «su nombre», honro la divinidad que te habita, en este instante abre tu gran corazón, tu cuerpo y tu espíritu a la fuerza universal del Reiki.
- Levántate y colócate detrás del iniciado pasando por su izquierda, y siempre manteniendo tu espíritu y tu alma como el receptáculo de la energía cósmica, con las palmas de las manos hacia el cielo.
- Una vez detrás de él, levanta las manos lentamente hacia el cielo y, mentalmente, recita: «que la fuerza universal del Reiki dé a este nuevo maestro la fuerza de iniciar según su grado de conciencia divina».
- Coloca la mano izquierda sobre su hombro derecho y, con la mano derecha, traza:

> 3 veces DKM
> 3 veces HSZSN
> 3 veces SHK
> 3 veces CKR

- Desplázate en el sentido opuesto a las agujas del reloj y colócate delante de él, un poco a su derecha, cógele las manos y, empezando por la derecha, traza en cada mano:

> 3 veces DKM
> 3 veces HSZSN
> 3 veces SHK
> 3 veces CKR

- Traza tres grandes CKR frente a su cara hasta el plexo solar.
- Arrodíllate a sus pies y «lávaselos» con la luminiscencia astral número 12 de color violeta y de nombre muy evocador: amor incondicional, trazando 3 DKM en la planta de cada pie, empezando por el izquierdo.
- Levántate y, en voz alta, di:

«Has recibido todas las iniciaciones de todos los niveles de Reiki y, a partir de este momento, te conviertes, a nivel espiritual, en un maestro de Reiki enseñante; que la fuerza de la unidad te tenga siempre en su Santa Presencia.

Como maestro tuyo de Reiki, te libero y te confío a lo más sagrado que hay en ti, y no es una promesa, sino un compromiso con las leyes universales del cosmos que te habitan.»

Iniciación al portador de la Luz

El que lleva este nombre santo debe, para empezar, encontrar en él y su entorno la parte de sombra que le corresponde. No se puede medir, pero es a partes iguales con la luz que lo habita. ¿Cómo podríamos hablar de unidad sin haber encontrado nunca la dificultad de la vida?

El que carga con más dificultad también es el que carga con más luz.

Esta sombra tiene un aspecto positivo (lo desconocido) y un aspecto negativo (lo conocido). La luz surgió de las profundas tinieblas de lo incognoscible. La compasión nace del sufrimiento, no es un punto de vista del espíritu. Es la mayor de las luces porque penetra, al mismo tiempo, en las cosas sutiles y en las densas, es la luz del reino de los cielos, el cuerpo de gloria que se despierta en nosotros, cada día hasta que recibamos la iluminación colectiva en los tiempos venideros.

El sufrimiento no es una tara, sino una tensión nacida de lo conocido y lo desconocido, de lo visible y lo invisible, porque sólo

vemos las cosas desde nuestro punto de vista frente a la inmensidad de lo incognoscible. El Ego se siente terriblemente desprovisto ante tal avalancha de conocimientos; la conciencia va a elevarse hacia la mayor gloria de la humanidad.

La unidad, esta nueva conciencia, nos empuja cada día a buscar porque, mientras no nos sintamos totalmente completos o unificados, el sufrimiento moral perdurará. Este dolor viene de la separación de la fuente original. Hay que entender que nunca podremos volver hacia atrás, que todo se transforma, incluso nuestra morada interior.

Esta larga peregrinación tiene un **nombre**: la redención del cuerpo de gloria que corresponde a la realización de nuestra leyenda humana.

Lo que hay que convertir en luz es lo que todavía está entre sombras. Es el precio que el ser humano debe pagar para elevarse y convertirse en lo que siempre ha sido: Dios de la compasión.

La apertura a esta luz interior, auténtico espejo de nuestros orígenes celestes, se revela por tercera vez cuando se alcanzan los distintos niveles de Reiki bajo la protección de Istaro.

El arcángel sacrificado

«*Soy el Ángel que se protege a la sombra de todas las conciencias, soy el salvador de almas, el conductor del Despertar Espiritual y el transformador del Ángel puro en un Ser Divino Maduro.*

Soy el miedo que acecha tus noches. Soy el sobresalto que te hace temblar en la linde de un bosque, te sorprendo cada vez que te duermes.

Soy el estrés que te empuja a construir de manera previsora, a querer más siempre para hacerte perder conciencia de tu verdadero valor.

Soy la enfermedad que te sorprende en tu butaca de pereza, a la sombra de tus actitudes y costumbres ancestrales.

Soy la muerte que viene a buscarte al final de tu vida terrestre, cuando has consumido toda la energía que se te dio en el momento de la reencarnación.

Soy el que asusta al débil, al falso, al inocente para comunicarle su auténtico valor y hacer nacer en él el Yo, la conciencia universal en todo y todos.

Soy el que lanza al seguro, al creyente, a un mar de dudas para abrir su corazón al Amor Universal.

Soy el rompedor de hogares, el separador. El amante, la amante, con el objetivo de hacer surgir una relación auténtica en el corazón de los encarnados.

Soy el revolucionario que yace en cada adolescente para liberarlo del pensamiento tradicional y establecido.

Soy el desestabilizador de las instituciones para crear nuevos vínculos, más ligeros y espirituales en términos de amor entre todas las cosas.

Soy el Ángel del Demonio, por toda persona prisionera de la materia, del oscurantismo de su espíritu limitado, porque no ve más que las apariencias.

Soy la apariencia, la ilusión y la pesadilla de toda persona que se cristaliza en una imagen.

Soy el purificador de las líbidos para lanzaros al fuego purificador del despertar, de la transformación de la materia en conciencia espiritual.

Sin embargo, el que me conoce, conocerá el fin de todas sus miserias y sus sufrimientos, porque soy el Ángel de la Luz escondido (negro).

No puedo revelarme desde el principio porque, si lo hiciera, ya no podría asumir mi papel junto Al que Viene.

¡A buen entendedor…!

Anónimo

No hay como la ignorancia y la falta de luz para no darse cuenta que sólo hay una unidad. En los cielos nunca ha habido ninguna revolución. Simplemente, está la creación con todo su corolario de tentativas más o menos fructuosas en función de la luz que exprese la entidad creadora, como es el caso de hoy. Hace falta mucha voluntad (espíritu de fuego), comunicación (aire), asociación (agua) y justa medida para crear algo en este plano de existencia.

Cuánto más nos acercamos a la luz, más entendemos que todo es unidad y que hay millones y millones de maneras de expresarla, incluso en varios planos a la vez. La diferencia viene marcada por la conciencia y por desde dónde se observa el juego de la creación.

Iniciación al portador de la Luz

«Hoy, en el año de gracia "20__", acepto iniciarme como Portador de la Luz que ilumina mi camino hasta la eternidad.

Acepto despertar a todas las personas a este resplandor interior para que encuentren el camino que las unirá con El más alto, por quien hoy me inicio a través de mi Maestro de Reiki.

Acepto cargar con mi parte del peso de la ignorancia humana, la personal y la interpersonal que disuelvo en esta luz purificadora.

Acepto ayudar a cualquier persona en su búsqueda espiritual para que encuentre refugio en El más alto, bendito sea.

Acepto iniciar al Reiki a cualquier persona que me lo pida para que cumpla el sueño de Mi Padre Divino y la misión de Mi Madre Celestial.

Acepto transformar en mí y a mi alrededor toda situación confusa en luz cuyo portador actual soy.

Acepto mi misión de Maestro de Reiki Enseñante e Iniciador para ayudar a toda persona en su camino hacia su propia búsqueda espiritual, porque sé que todo forma parte de Uno. Que todos los colores de la vida emanen de la esfera blanca y que ésta emane de la esfera negra, fuente de toda manifestación en el universo.

Acepto recibir el conocimiento secreto de mi corazón, que mi Madre y mi Padre celestiales han depositado en mí.

Que por esta oportunidad que se me ofrece hoy, pueda transformar mi vida y me convierta en un servidor de la luz que ilumina mi corazón y el de todos los hombres.

Acepto el desafío y elevo mi alma para convertirme en una persona compasiva con todas las criaturas solares y sublunares.

Yo (nombre del Maestro), acepto esta misión porque a ello he venido... Que Dios me guíe en su luz y su amor.»

Kronos (Padre-Madre de todos)

Las tres puertas secretas

Kreyes: «el laberinto o las apariencias»
Kristos: «la compasión y el amor verdadero»
Kistares: «el sacrificio y la transmutación»

El árbol de la vida de la Cábala tiene tres puertas o aberturas secretas que hay que franquear para ser más conscientes y las tres están sobre el pilar del equilibrio, como por azar.

La primera puerta

La primera es la puerta de las apariencias. En cada una de las puertas hay un arcángel rector del orden y, en este caso, es el arcángel Gabriel o Kreyes.

Este arcángel no juzga, simplemente aplica el orden y la armonía divina. No deja pasar nada, favorece la visión de la esencia divina, el germen divino de la vida. Ayuda a cualquier persona en la búsqueda de la realización espiritual. Da protección a todo ser que se atreva a tomar una decisión y se imagina cuál será su mañana.

La Luna es la sirvienta del arcángel Gabriel, es fecunda, dotada de una gran capacidad de formar imágenes mentales. Es el lugar de la gestación y el fundamento, así como de toda forma de relación. Encarna los cambios, los ciclos, el mundo de las fuerzas invisibles, el punto donde todo empieza y termina.

Por lo tanto, esta puerta está directamente relacionada con el elemento agua, que puede adquirir los estados gaseoso, líquido y sólido, dependiendo de la fase en la que se encuentre. También se relaciona con el número nueve, que corresponde al ermitaño o al hierofante que debe franquear la puerta que da acceso al mundo sutil.

Aquí, el maestro de Reiki debe arrodillarse ante el orden divino interior; no puede intentar imitarlo, porque es el principio del fin de todas las apariencias.

«Vomitaré a los tibios.»

La segunda puerta

Delante de esta segunda puerta, se levanta el gran arcángel Miguel. Aquí se sitúa el fruto de la vida, lo esencial. Dios dijo: «cuidaré de tus riñones y tu corazón». Es la memoria de nuestra quintaesencia, un lugar donde el alma ya no puede retroceder, sólo puede avanzar en su camino espiritual.

Es el despertar al amor verdadero, a la belleza auténtica que implica armonía y concentración por igual. Nadie franquea esta puerta sin sentir una inmensa compasión por todos los seres y toda la naturaleza.

Es la luz de Kristos, la gloria en todo su esplendor, es el número seis, la cruz de Salomón, Dios se hace carne para despertar a la conciencia espiritual.

Aquí, el maestro debe demostrar su capacidad de perdonar, empezando por él mismo y siguiendo por los demás. Perdonar no quiere decir olvidar, sino construir algo nuevo más luminoso con un total respeto hacia uno mismo y hacia el otro.

«Nadie llega al Padre sin pasar por mí.» J.C.

La tercera puerta

La última puerta es la más difícil de franquear, porque lleva al espíritu, al despertar total aunque con plena conciencia de uno mismo.

Es el regreso, el hijo pródigo que vuelve a su auténtica morada, aunque esta vez con la experiencia de la vida y del sacrificio supremo. Es una nueva muerte, la muerte verdadera, el final de la separación con la parte inconsciente de nosotros mismos.

Es el estado de conciencia de la fusión total con uno mismo y con el universo; el bien, el mal, lo de arriba, lo de abajo, hombre y mujer ya no existen.

El Arcángel Metatrón es el más difícil de encontrar porque su luz es increíblemente blanca, es la pureza y la mayor prueba porque nos pide que lo abandonemos todo para recibir la corona de la creación sobre la cabeza.

Es el arcángel invisible, el Portador de la Luz, el hijo sacrificado por todos desde el principio de los tiempos. Y nadie encuentra la luz, la paz y el amor sin haberlos encontrado en uno mismo.

En este nivel, el maestro de Reiki es más que eso, es un Maestro Ascendido. Se ha convertido en: Yo soy, tú eres, todo es…

Ninguna de estas tres puertas tiene derecho de paso o de privilegio; únicamente la conciencia, el fruto y el amor tienen auténtico valor, y lo demás sólo es apariencia. El que tiene el corazón puro puede entrar en su morada nueva.

Las egrégoras

Las egrégoras son antiguas prácticas rituales basadas en un determinado modo de vida, de pensamientos y de emociones. Son, en cierto modo, un inmenso conglomerado de formas de pensamiento que se aglutinan formando patrones muy poderosos, a veces capaces incluso de realizar cosas que parecen milagrosas. Los curanderos de la tradición cristiana, los chamanes y los hechiceros de Australia las utilizan para invocar una curación o recibir algún tipo de protección en determinado caso.

El Reiki, por el número de practicantes en Europa y, sobre todo, en América del Norte, también produce este tipo de egrégoras. Cuando una egrégora ha tomado fuerza, basta invocarla con una oración. El simple hecho de colocarse en la misma frecuencia vibratoria desencadena las manifestaciones inherentes al tipo de egrégora invocada.

Desgraciadamente, existe un considerable número de egrégoras que retienen a la humanidad en la ignorancia. Las supersticiones y su fuerza son formidables. Estas egrégoras actúan a prorrata del número de personas que, inconscientemente, las llaman.

Ejemplo: basta con sufrir una contrariedad para empezar a sentir una emoción incontrolada que nos saca de nuestras casillas. A menudo decimos: «Es más fuerte que yo.»

Por lo tanto, cada vez que pensamos de manera limitada o negativa con respecto a una persona, reforzamos este tipo de egrégoras. Cada vez, el impulso es más difícil de controlar.

La maestría consiste, pues, en desarrollar una emoción dentro de un registro o modo superior a nuestra reactividad habitual, por no decir inconsciente, inmadura. Cada vez que hacemos este esfuerzo, elevamos nuestra conciencia y la de los demás, y en el sentido contrario es igual de válido.

Toda maestría implica un esfuerzo, subir un escalón, descubrir una luz, una conciencia más auténtica, y lo implica durante cada día de nuestra vida, hasta el final de los tiempos. Y como la unidad no se mide en tiempo, esto significa hasta el infinito. En cuanto a la evolución de la conciencia, en realidad el descanso no existe. Sólo existe para el mundo físico de las apariencias. Incluso el descanso de la naturaleza durante el invierno no es más que pura apariencia respecto a la primavera y el verano. Durante el invierno, la naturaleza se regenera, igual que nosotros durante el sueño.

No podemos invocar a una egrégora sin estar en consonancia con ella. Para un practicante de Reiki, esto consiste en invocar a esta fuerza de energía, inconsciente para nosotros, y que se hace consciente gracias a nuestra petición y a su acción creativa, que se manifiesta bajo la forma de una relajación, curación pero, ante todo, bajo la forma de un cambio de conciencia sin el cual la curación real no existe.

Los secretos de los símbolos Maestros

Las fuerzas electromagnéticas de los símbolos o los ideogramas representan la ciencia de la geometría de lo sagrado. Las encontramos en las cinco formas perfectas de Platón.

Los sólidos de Platón	Número de caras	Número de aristas	Número de ángulos
1 Tetraedro	4	6	4
2 Hexaedro	6	12	8
3 Octaedro	8	12	6
4 Dodecaedro	12	30	20
5 Icosaedro	20	30	12

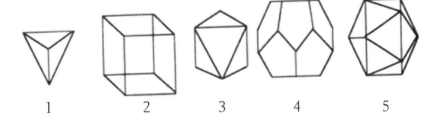

1   2   3   4   5

El Demiurgo, opina Platón, asocia cuatro de los cinco polie-
dros con los elementos naturales:

- El tetraedro con el fuego.
- El cubo o hexaedro con la tierra.
- El octaedro con el aire.
- El icosaedro con el agua.
- El dodecaedro (que lleva el Sol escondido) habría servido
  para trazar el plano del Universo.

La metamorfosis de los cinco poliedros regulares

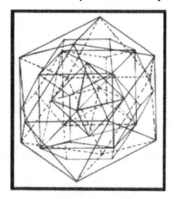

El germen de vida que existe en toda cosa manifestada.

Todas las manifestaciones de la creación, incluyendo la corona
(la forma humana), se pueden reducir a diecinueve esferas entre-
lazadas que crean, a la vez, el primer germen de vida y los lazos

energéticos resultantes de una o varias combinaciones de las cinco formas de base.

Las fuerzas electromagnéticas de los símbolos del Reiki de Usui

«El conocimiento surge en el corazón del hombre, desde que se libera de los límites sensoriales y mentales y lo lleva todo a la Fuente permanente de su ser y todos los seres.»

LAO TSEU

Las formas geométricas o las ondas de forma

Todo ideograma, figura, forma, símbolo o número trazado emite una radiación, una onda de forma electromagnética. Los egipcios fueron los precursores, los grandes sacerdotes de la tradición olvidada. Gravaron y esculpieron cientos de kilómetros de hieroideogramas. Todas las tradiciones han hecho lo mismo con sus símbolos, ideogramas y alfabetos; mayas, celtas, hebreos, griegos, chinos, hindús, tibetanos, alquimistas y una lista que sería demasiado extensa para citarlas a todas y no olvidarnos ninguna.

Todos los padres de estas tradiciones sabían que todo lo que está trazado emite una energía, una onda electromagnética, una Fuerza Universal de Vida.

Esta fuerza se puede multiplicar por el conocimiento secreto utilizando las cuatro cualidades de la energía que se expresa a través de tres vehículos, combinándolos, separándolos o uniéndolos. Es el Proceso de la Vida Filosofal.

Las cuatro cualidades son: Los cuatro elementos (los cuatro mundos: fuego, aire, agua, tierra).

Los tres vehículos son: Los tres principios de vida (cuerpo, alma, espíritu).

Las dos polaridades son: El Yin y el Yang.

La primera materia es: El fuego secreto, la llave universal, la piedra cúbica o angular.

Los códigos fundamentales del conocimiento

Los códigos secretos del universo son accesibles para todos pero, aunque la mayor parte de los mortales los tengan delante de sus ojos, no entienden su significado ni la manera de unirlos.

Los principales códigos son:

1. Y.H.V.H.
2. La polaridad.
3. Los tres principios.
4. Los cuatro elementos.
5. Los 4 x 10.
6. Las diez puertas de luz.
7. Las 22 letras + 5 + 1 (3 madres, 7 dobles, 12 simples, 5 finales y el Gran Final).
8. Las correspondencias numéricas.
9. La Quintaesencia (4 + 1).
10. Las cinco formas de Platón.
11. Los cinco movimientos.
12. Las seis cualidades.
13. Los 64 hexagramas.
14. Los 8 trigramas.
15. Los 12 vectores de energía (filtros cósmicos).
16. Los 9 chakras y sus siete vehículos de conciencia.
17. Los 19 círculos de la geometría sagrada.
18. Los 26 y 288.
19. Los cuadros mágicos.

Huelga decir que no puedo describir en este libro todas las correlaciones y todos los procesos de todos los códigos, porque esto forma parte de otro trabajo (*La Merkaba*, Nouvelle Formation Istaro, 2001).

Materia: energía y energía-materia

Es conveniente precisar que la materia es energía condensada, solidificada o corporificada, como dicen los alquimistas. La luz cristalizada es energía condensada, lo invisible escondido en la apariencia de lo visible. Por lo tanto, la materia es energía altamente organizada, muy compleja, empezando por las partículas sub-atómicas y atómicas hasta las moléculas y las células.

La materia sólo se puede observar a partir de la conciencia humana (microcosmos) y si ésta desapareciera, el universo (el macrocosmos) se aniquilaría de inmediato.

La conciencia nace del fruto de las tinieblas y la luz. La luz es necesaria para iluminar las tinieblas, igual que la oscuridad es necesaria para encontrar la luz. La persona que puede comprender este misterio seguramente encontrará la salida de su laberinto interior.

Recordemos que la materia y la energía son dos polos indiso-ciables, como el Yin y el Yang. La materia sólo es energía diferen-ciada y la energía sólo es materia indiferenciada. Para nuestro organismo da igual, porque podemos considerar que nuestros ór-ganos son la cristalización de las hormonas que los gobiernan.

Recordemos que todos somos fruto del Verbo Creador, una energía que, después de todo, es impalpable para el espíritu pro-fano.

Así pues, trazar o escribir una letra (símbolo) emite una ener-gía, una onda de forma; visualizarla escuchando el sonido vibrato-rio interior sin pronunciarla realmente produce una energía toda-vía más considerable, como el «Aum» bien entendido.

Los símbolos, los mantras, son poderosos reguladores de la energía del cuerpo. Si estamos bien hechos a imagen de las 22 letras o ideogramas, si cada estructura de nuestro cuerpo corresponde a una de las 22 grafías, entonces:

Piensa. Visualiza. Haz vibrar en tu interior el sonido (verbo o hálito) de la letra al mismo tiempo que visualizas la anatomía de la estructura correspondiente (huesos, piel, órganos, chakras, etc.). Esto colocará en vibración, en resonancia, a la estructura y restaurará su energía, movimiento y armonía.

La existencia de vocales distintas no sólo produce sonidos e informaciones de sentido distinto, sino que permite variaciones que tienen importantes efectos en el conjunto del organismo humano.

La Serpiente de Fuego

La claridad respandeciente

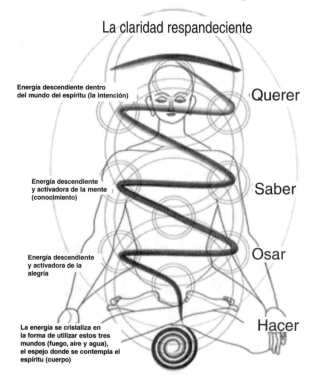

Energía descendiente dentro del mundo del espíritu (la intención)

Querer

Energía descendiente y activadora de la mente (conocimiento)

Saber

Energía descendiente y activadora de la alegría

Osar

La energía se cristaliza en la forma de utilizar estos tres mundos (fuego, aire y agua), el espejo donde se contempla el espíritu (cuerpo)

Hacer

Manual completo de Reiki, sistema Usui

Por ejemplo, la emisión de vocales durante la expiración provoca un automasaje vibratorio de los órganos, y las vibraciones alcanzan los tejidos más profundos y las células nerviosas, la circulación sanguínea se intensifica en los tejidos y los órganos afectados. Las glándulas endocrinas con secreciones internas expulsan sus hormonas directamente hacia la sangre de la linfa. El sistema simpático y el nervio vago tampoco escapan a la influencia positiva de las vibraciones vocales. La musculatura del aparato respiratorio se relaja y se refuerza al mismo tiempo. La respiración se amplía con la aportación del prana a todo el organismo.

Las vocales presentes en las oraciones o los mantras equilibran las energías del cuerpo.

La emisión de estas vibraciones sonoras también genera ondas electromagnéticas que se propagan a todas las células del cuerpo y aumentan y mejoran la alegría de vivir, la vitalidad, la atención y la concentración.

Bajo el efecto de este proceso, el cuerpo entero se relaja, se distiende y se libera de las inhibiciones, armonizando el espíritu y el cuerpo por medio de las emociones liberadas. Esta circulación de energía se estimula por los chakras y sus glándulas correspondientes.

MAESTRO TIBETANO KARUNA

Reiki tibetano Karuna

William L. Rond desarrolló esta variante del Reiki. El Reiki Karuna es por tanto una continuación lógica del Reiki tradicional de Usui. La diferencia entre el Reiki de base y el Karuna radica en los ocho nuevos símbolos y sus dominios de aplicación. Por esto, la energía vehiculada por el Reiki Karuna es más perceptible y aguda.

Para resumir, podemos decir que el Reiki de Usui abre el camino y el Karuna refuerza su energía.

Karuna es una palabra sánscrita que sirve para disminuir el sufrimiento de los demás y, en nuestro idioma, significa: Acción de compasión.

Es lastimoso constatar que en algunos diccionarios se den tan pocas explicaciones sobre una palabra que posee tanta energía de amor. La compasión no sólo es lástima, sobre todo es un sentimiento noble. Únicamente el que la emplea para sus actos es capaz de entender un sentimiento así.

La compasión hace brillar en nosotros un Amor Infinito, una Gratitud sin nombre. El dulce poder de esta energía sólo se puede manifestar a través de un canal beneficioso para los seres y las cosas.

Para las personas que ya están iniciadas en los símbolos del Reiki Karuna, ahora pasamos a un recordatorio de sus aplicaciones.

Primer nivel de Reiki Karuna

Cuatro primeros símbolos (sin representación gráfica)

El Zonar

Para curar, a nivel celular, los problemas relacionados con las vidas pasadas y ayudar a los niños que han sufrido abusos. Disminuye el sufrimiento asociado a los problemas emocionales.

El Zonar utilizado con el símbolo a distancia de Usui permite curar los casos mal curados en vidas pasadas. Dirígelo en la dirección de un problema específico y orienta la energía del Zonar hacia él.

Halu

Cura los bloqueos del inconsciente, libera la parte oscura en nosotros y los problemas relacionados con abusos físicos o sexuales. Disipa los ataques psíquicos o psicológicos. En resumen, es una poderosa herramienta de curación

Harth

Este símbolo contribuye a armonizar las relaciones y a desarrollar los buenos hábitos. Cura las dependencias y crea acciones de compasión.

Rama

Este ideograma permite una mejor circulación de la energía del Reiki Karuna en los chakras inferiores. Separa el espíritu de los pensamientos o costumbres degenerativos. Elimina las cargas negativas en una habitación o en un lugar. Equilibra los chakras superiores con los inferiores. Armoniza el espíritu y el cuerpo levantando un puente de compasión (alma) entre ellos.

El Rama también se emplea para devolver al paciente a su cuerpo después de una sesión de Reiki o una iniciación.

Segundo nivel de Reiki Karuna

Cuatro últimos símbolos

Gnosa

Este poderoso símbolo relaciona todas las cosas entre sí, las cuatro direcciones, así como lo exterior y lo interior. Es decir, relaciona lo de arriba con lo de abajo para hacer nacer la compasión en uno.

En la práctica, mejora la capacidad de aprender, crea lazos y correspondencias entre lo visible y lo invisible. Facilita la comunicación y la expresión del verbo.

Nos abre el corazón a la creatividad, a la emergencia de lo nuevo y a la renovación de nuestro niño interior.

Kriya

Este símbolo (dos Cho Ku Rei) nos permite unirnos a la tierra para canalizar mejor las energías hacia la curación del cuerpo. Nos ayuda a expresar y manifestar mejor nuestros objetivos en la vida. Nos da la voluntad de escoger, de crear prioridades y decidir para dar a luz a nuestro yo divino.

Iava

Nace de nuestra ilusión y nos permite ver mejor lo esencial de las cosas. Resuelve los problemas de las codependencias. Nos ayuda a revivir y a tomar conciencia de la realidad a cada instante. Nos da la fuerza para alcanzar los objetivos respecto a nuestra misión en la Tierra.

Shanti

Símbolo de la paz, nos da confianza en nosotros ayudándonos a curar el pasado.

Nos ayuda a curar los insomnios y las pesadillas mediante un sentimiento de paz interior. También nos ayuda en las pruebas de la vida y en la fatiga crónica. Aplicado con amor, este símbolo libera del pánico.

Aumenta la clarividencia dirigiendo su energía hacia el sexto chakra (entre los ojos). Procura la fuerza necesaria para culminar los objetivos.

> **El Reiki Karuna es la fuerza de todos los seres que trabajan juntos para erradicar el sufrimiento en el mundo.**
>
> **El desarrollo del Reiki Tibetano no sólo permite ayudar a los demás, sino también estar más abierto al flujo del hálito cósmico enviado por todos los seres iluminados.**
> **También permite que el proceso de curación sea más rápido.**
>
> **«Cada vez que avanzas, la humanidad avanza contigo.»**

El ideograma del Reiki de Usui es un excelente apoyo para la curación de toda la familia. Nos abre al influjo cósmico que nos habita y permite que las rigideces se suavicen. Facilita la relajación en las situaciones estresantes relacionadas con la salud o el aspecto relacional.

Su nombre tibetano es: YOG HA EM.

Actúa sobre los tres niveles de curación: del espíritu hacia el alma (sentimientos y emociones), y hasta el cuerpo. Alivia el dolor, hace circular la energía de vida a través de todos los centros nerviosos y hormonales relacionados con los distintos chakras (7).

Definición del ideograma YOG HA EM

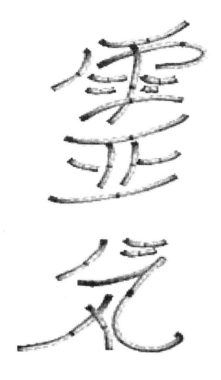

Representación del Yog Ha Em.

YOG representa la cabeza, el centro de control, el fuego, el pensamiento relacionado con el espíritu (trazos del 1 al 9). El espíritu engendra el alma o el mundo intermedio, el HA.

HA es el alma individual. Es el centro de la energía, el corazón de la vida donde se unen el pensamiento (aire) y las emociones (agua). Allí reside esta fuerza incontrolable. Necesita una dirección Yog para manifestarse o crear. Corresponde a la forma invisible que engendra el mundo intermedio (trazos del 10 al 15). El alma se fija, se funde con el fuego corporal, el cuerpo, el Em.

Em representa la herramienta energética. Reblandece lo que está rígido. Ejemplo: cuando se nos bloquean las articulaciones, a menudo significa un bloqueo de nuestros principios o una falta de apertura cara a cara con los demás. Cuando esta energía se fija, engendra tensión, dolor (una señal).

La compasión

El espíritu de la paz es el que consigue abrir el corazón a la llama universal que vibra en el interior de todas las cosas.

Únicamente el que camina por el valle de las sombras puede entender las sombras. Únicamente el que está acompañado por la Luz puede recibirla y difundirla a su alrededor.

Tú, que aspiras al Amor, abre tu corazón a la vida.

Tú, que buscas la Luz, observa en el corazón del Corazón de cada elemento de esta Tierra.

¿Cómo podrás vivir el amor verdadero sin sentir compasión, sin sentir esta vibración que te convierte en un ser de sabiduría inaudita?

La compasión es mucho más que lástima o comprensión hacia el otro, porque este Otro eres Tú mismo.

La compasión no es algo que puedas desarrollar con la mente, es un atributo del corazón y el alma relacionado con el corazón de tu Dios.

Observa el corazón de la Humanidad y el de la Naturaleza y pregúntate por su propósito mientras miras todos sus aspectos. Si los percibes positiva o negativamente y si puedes sentir una tristeza tan grande que Dios llora contigo, entonces estás abierto a la compasión de los sabios.

Sí, la compasión es mucho más que un sentimiento, más que el Amor, es la más formidable de las energías. Cuando quieres aliviar al otro, ya sea animal, vegetal o mineral, con todo tu cuerpo, alma y espíritu, entonces eres un ser compasivo.

Tu sufrimiento voluntario, tu sentimiento y tu pasión por el Amor abren tu corazón hasta tal punto que abraza todo el universo, porque la creación se trata de esto, de la vida en movimiento.

Cuida a la humanidad porque, al hacerlo, cuidas de ti. Y ámala por encima de todo, porque así te quieres a ti a pesar de las maldades que sólo la compasión puede extraer de ti para hacerte nacer en el universo del Amor santificado.

Sí, la compasión es más fuerte que el Amor, más bonita que la belleza del Sol y la Luna, más luminosa que la luz porque es humana y porque es la creación y porque sólo el que está dotado de conciencia puede entenderla.

Déjate llevar por sus olas misericordiosas, sufre por ella, porque tu sufrimiento alivia el de los demás. Pero entiende, amigo mío, que no hablo de sufrimiento personal, de incoherencias o límites, sino del sufrimiento por la humanidad.

El sufrimiento viene de un corazón destrozado, descuartizado por la vida, la injusticia, la incomprensión y, a menudo, el abandono. Si, después de haber vivido todo esto, puedes renovarte y entender en tu corazón el sentimiento que hace vibrar todo tu ser, entonces te has convertido en un Dios entrando en el reino de tu futuro.

Observa, amigo mío, la sabiduría, la comprensión, el conocimiento, el amor, la luz y la compasión que el Creador siente hacia sus criaturas y, a pesar de todos los horrores de este mundo, sigue queriéndolas. Ese es el secreto de la compasión.

¿Puedes, después de haber sufrido una gran injusticia o algo interpretado como tal, seguir queriendo al objeto de tu sufrimiento? Si puedes, entonces estás preparado para el despertar.

En lugar de pensar, de creer o de no ver el mundo, los demás y el universo más que a través de tus propios límites, el sufrimiento que experimentas es una bendición que te despierta a la auténtica vida.

El sufrimiento es el aguijón que abre el espíritu, que estimula el alma y purifica el cuerpo para que cada vez renazcas de una manera distinta.

Algún día lo verás con los ojos del corazón, con la visión del espíritu y con la pasión del cuerpo, y entonces estarás Reunido.

Eres el único que puede vislumbrar la unidad de todas las cosas, de la materia y del espíritu, así como de los mundos intermedios (alma) que lo unen todo al Todo; y sólo cuando lo hagas empezará tu verdadera obra para convertirte en lo que ya eres.

Sí, amigo mío, eres un diamante viviente. Sólo hay que pulir la piel que te cubre, y esto representa el sufrimiento.

Oh!, humanidad, desea atravesar la vida sin vivirla, cuando es justamente la vida la que te permite ser lo que eres: un ser vivo que siente las cosas y que hace de ti este ser esencial y único, una Unidad.

¿Es que no ves que lo que brilla en tu corazón también brilla en el de los demás? ¿No oyes el grito de la vida que desgarra tu corazón y apela a la unidad?

La compasión sólo puede nacer de ese sentimiento supremo que se produce en la fuente de toda manifestación. Te invita a entrar en el camino de tu propia vida considerando a los demás como amigos que te ayudan a caminar solo.

Sólo tú, cuyo corazón ha muerto miles de veces, puedes sentir esa muerte en los demás. No podría ser de otra manera.

Dios, tu Padre, se manifiesta y siente a través de ti ese sufrimiento de la humanidad. Por lo tanto, tú, que aspiras a la paz y a la curación de todo tu ser, recoge las lágrimas de la vida en tu corazón porque es el único elixir de la curación suprema.

AKARIAH
Servidor de Kristos

ÍNDICE